授業で子どもを

「引きつける」全技術

話し方・発問・所作・板書

飯村大輔 [著]

JN022030

明治図書

まえがき

　「授業中，なかなか子どもたちの反応が上がってこない」「集中力の低い子が多くて困っている」このような悩みを抱えている先生方にたくさんお会いしてきました。

　教師になる方は真面目な方が多く，「子どもたちのために良い授業をしていきたい」という志をもたれている方が多いなあと日々感じています。しかし，日々忙しく，なかなか授業について腰を据えて考える時間もなく，日々過ぎ去ってしまう状況に置かれている先生方もいらっしゃるかと思います。

　また，日々の授業の教材研究は行っていても，自身の授業の技術を客観的に振り返る機会は，少ないと感じています。授業に入ってしまえば，基本的には教師の裁量で授業は進んでいきますし，毎授業第三者に見られてチェックされることもありません。

　例えば，民間企業であれば，新人の時には先輩社員がお客様訪問で同行し，手本を後輩に見せてある程度力がついた段階から，実践に出てもらう，ということも多いですが，学校現場ですと，初任の先生でも，フォローはあってもそこまで丁寧につきっきりでという状況は，なかなかありません。

　どうしても，客観的に自分の授業を振り返る機会が少なくなると，課題点も見つかりづらくなってしまいます。自分の中で良いと思っていても，受け手側である子どもたちには，いまいちな授業として映ってしまっている可能性もあるのです。

　「一人でも多くの先生に，子どもたちを引きつける授業を展開してほしい」という思いから本書を出版することを決めました。自身では気づいていない授業の技術をマスターして，実践することができれば，子どもたちの授業への取り組み姿勢に変化を起こすことができます。

　引きつける授業の技術というものは，無自覚にできている先生は，特に誰から教えられたわけではなく，できていることが多かったりもします。しか

し，できていない先生は，そのまま気づかずに，年数を重ねてしまうことも少なくありません。

　私は，教員の方向けのセミナーも定期的に開催しており，授業で悩んでいる先生向けのセミナーも開催しております。授業で悩んでいる先生の多くは，なかなか相談することもできずに孤軍奮闘されていたり，解決の糸口がわからずに，授業もなかなか改善されない状況でいたりすることが多いです。セミナーでお伝えできることは時間の制約もあり限られてしまい，もっと効果的に多くの技術を伝えるためには，やはり本でまとめてお伝えすることだと考えたことも，今回出版することを決めた一つの理由です。

　本書は，「引きつける」ための教師のメソッドの原理原則を冒頭でお伝えし，その原則を踏まえた具体的な引きつけるための技術について，「話し方」「指示・発問・言葉かけ」「所作・動き」「板書」の４つのテーマに分けてお伝えしていきます。

　技術については，なるべく具体的に，誰もが実践できるということを意識して記載しました。感覚的・抽象的な表現はなるべく排して，場面もイメージしやすいようにしています。

　内容については，若手の先生や教師経験のまだ浅い先生を対象として書いております。ぜひ，読みながら現在どこができていて，どこが足りていないのかを確認していただけると，ご自身の今後の課題が明確になります。また，中堅，ベテランの先生方にとっては，当たり前の内容であったり，無意識のうちに行われたりしていることも多くあるかと思います。本書をご一読いただくことで，改めて振り返りのお役に立てれば幸いです。また，後輩の先生方を指導される際にも，お役に立てると考えております。

　本書を通して，一人でも多くの先生が授業に自信を持ち，毎日の授業で良い成果を掴んでいただければ幸いです。

2021年10月

　　　　　　　　　　　　　　　　　　　　　　　飯村　大輔

CONTENTS

2章 「話し方」で引きつける技術

3章 「指示・発問・言葉かけ」で引きつける技術

4章 「所作・動き」で引きつける技術

5章 「板書」で引きつける技術

1章

授業で子どもを引きつける基本メソッド

なぜあなたのクラスの子どもは集中できないのか

子どもが集中できない理由

「授業開始になっても，ざわつきが止まらない」「授業中に集中力が保てずに，隣の子にちょっかいを出す子がいる」「コックリと居眠りをしている」「いつもボーっとしていて表情がさえない子が多い」このような悩みを抱えていませんか。

この授業のために教材研究も行って，入念に準備をしてきた。しかしいざ授業がはじまると，子どもたちの反応が良くない。今日の授業での到達目標には達しているのだが，子どもたちはさえない表情をしている。このようなことで悩んでいる先生の悩み相談にたくさんのってきました。

なぜ，子どもたちは授業に集中できないのでしょうか。教師が熱心に授業の準備をして授業に臨んでも，反応が薄いのはなぜなのでしょうか。多くの先生の相談にのり，そして多くの授業を見てきて実感していることなのですが，子どもたちを集中させる技術をもっていない状態で授業を行っている先生がたくさんいるということです。

子どもが集中できないことを，子どもの責任にしてしまっては，教師の力量を上げることはできません。子どもが集中できていない時に，「どうしたら集中できるのだろう」という考えに立ち，ノウハウを考えて，行動していく先生が高い技量を身に付けていきます。

ノウハウを考えることは大切です。しかし，多忙な中，ノウハウを考え続けて行動していくことは大変なことです。特に若手の先生は経験が浅い分，ゆっくり立ち止まって考える間もなく日々業務をこなしながら毎日を送っているかと思います。

本書は，そんな多忙な先生方に向けて，効率的に子どもたちを引きつけるための技術を学べる本として作成致しました。引きつけるための技術はたくさんあります。本書を手に取りながら，教室で実践していただくことで，子どもたちの反応の変化を読み取れるかと思います。

引きつけるために必要なポイント

引きつけるためには，まずは前提となる考え方を学ぶことが必要です。本書では，1章「授業で子どもを引きつける基本メソッド」で，引きつけるための考え方を中心にマスターしていきます。この前提を踏まえた上で，2章〜5章では具体的な対応方法について学んでいきます。

「話し方」「指示・発問・言葉かけ」「所作・動き」「板書」の4点が，引きつける上での大事なポイントになります。これら4点については，実践する際に効果を意識して行っている先生と，なんとなく行っている先生に分かれます。

教室の状況や子どもたちの様子に合わせて，意図的にこれらのポイントを改善していくと，確実に良い方向へと進んできます。「何となく」行うのと「意図的」に行うのとでは，その積み重ねで授業のクオリティにも大きな差となっていくのです。

一つひとつを見ていけば，授業の中で小さな一部分かもしれません。しかし，それらが積み重なることで，大きな違いになっていきます。授業名人と言われるような先生は，この小さな積み重ねを強固なものにして，揺るぎない形をつくっているのです。

さあ，引きつけるための技術を学び，授業に夢中になる子どもたちで溢れるクラスにしていきましょう！

メソッド
1 開始直後の反応で授業が決まる

「引きつける秘訣」は開始直後にある

　授業は，多くの場合，「教師のはじめの一言」から始まります。子どもたちにとって，授業の開始とは「授業開始直後に発する教師の言葉」を聞き取ることからスタートします。実は，その回の授業が引きつけられるか否かは，この開始直後にあるのです。

　お笑いの例で考えてみましょう。ネタを見に来た観客に対し，芸人はいかに最初に笑わせるかを考えて，「つかみ」のネタを仕込みます。つかみとは，ネタの展開で言うと一番初めの部分です。最初で笑わせることができると，観客も一気に芸人が展開するネタに興味をもち，のめり込んでいきます。

　これは，授業でも同じです。もちろん，授業はお笑いとは違って，授業の開始時に，必ず笑いをとらなければいけないわけではありません。しかし，この授業開始後に，インパクトに残るようなことが起これば，お笑いと同じように，引き込まれていくのです。

　どんなに授業が上手な教師でも，開始直後の導入部分の印象が薄くいまいちで，後半尻上がりに盛り上げていくというのは，難しいものです。授業の上手な教師ほど，冒頭の「つかみ」に力を入れています。また，「あの先生の授業はつまらない」と子どもたちから言われている先生の多くは，授業の冒頭に意外性がなく，なんとなく開始しているため，子どもたちもその日常にだんだんと飽きていくのです。

常に新鮮な空気をつくり上げる

　では，開始直後の反応を上げるために，考えなければいけないことは何か，ということですが，「常に新鮮な空気をつくり上げる」ということです。直

前の休み時間までの少し弛緩した，ゆるい空気とは違う，新しい空気を入れることが，新鮮な空気になります。新鮮な空気をつくるには，教師のちょっとした心がまえと準備が大切になります。

　まず，「心のスイッチを ON にする」という気持ちを込めることからスタートです。「この授業は絶対に盛り上げて，子どもたちの心をしっかりと掴んでいく」という強い気持ちをもって授業に入ることです。子どもたちは，教師が熱心に授業に取り組んでいるかどうか，本能で感知します。そして，その熱意を，まずは開始直後の教師の言動で感じ取るのです。表情に輝きがあり，声にも気持ちが込もっていれば，子どもたちにも伝わっていくのです。

　次に，「切り替え」です。時間の流れで見ていくと，授業開始前の休み時間とは違った空気を瞬時につくれるかどうかが大切です。休み時間は，子どもたちも気持ちが緩み，授業中の緊張感から解放されている状態です。また，前日が休日であれば，普段の授業での緊張感を忘れかけています。

　その緩んだ状態とは違った空気を瞬時に感じることができれば，すぐに脳のスイッチも切り替わり，授業に集中していくことができます。

　最後に，「意外性」です。当たり前の日常が継続していくと，そこには緩みが生じます。いつも同じ導入を行っていれば，だんだんと飽きてきます。

　そこで，導入時には「意外性」が大事になります。「今日はいつもと違う」「なんか新鮮」そんな気持ちになってもらうことも必要です。いつもとは違う導入パターン，「えー？　何だろう??」と前のめりになるような発問等，イメージを覆すような，何かを仕掛けることができれば，新鮮な空気をつくり上げることができます。

Point

　引きつける秘訣は，授業開始直後にあります。そこで気をつけることが「心のスイッチ」「切り替え」「意外性」です。

2　効果的な間をつくる

間の役割と効果

　講演家や落語家，一流の経営者，アナウンサー等，人前で話をすることを職業としている人たちは，間をつくることで，聞き手の視線を集めることを心得ています。

　一方的に間髪入れずに話し続けていると，聞き手は，徐々に話の内容が印象に残りにくくなっていくものです。単調なリズムが続いていくと，そのリズムに飽きてしまい，集中力が落ちていきます。

　お坊さんがお経を読む場面を思い浮かべてみてください。お経を読みはじめると，一方的に言葉が連続して続いていきますよね。この状況が長く続いていくと，眠くなってきたり意識が朦朧としてきたりするかと思います。しかし，お経を読み終わって，少し間を取ってから，お坊さんが話しはじめますが，その間を取った直後の話しはじめには，自然と耳が傾くものです。

　人は単調なものは飽きてしまうという習性がありますが，変化があることには意識が高まるのです。落語家や講演家は，この習性をよく心得ており，一直線な話にならないように，最適なタイミングで間を入れて話をしています。

　間を効果的に取れるような話ができると，確実に聞き手の意識を前に向けることができます。授業中，教師がとても大事な話をしていても，子どもの役に立つ話をしていても，印象に残らず素通りされてしまっては，無駄になってしまいます。間を使って，印象に残る話ができれば，授業中の集中力が上がることは勿論，教師への信頼感も高まります。「この先生の話は頭に入ってくる」と思ってもらえると，日頃の教師への印象も変わるのです。

間をつくるために必要なこと

「授業の名人は間の名人」と言われるほど，間の取り方は授業力を上げていく上では大切なポイントになります。

間のつくり方が上手い教師の授業を見ると，絶妙なタイミングで間があり，自然と授業に引き込まれていきます。自然に間を使うことにより，授業全体にリズム感が形成されていくのです。

この絶妙なタイミングというのは，経験値がものを言うところもあります。しかし，まだ経験が浅くても，ポイントを押さえることによって，意図的に効果的な間をつくり出すことができるのです。

子どもの立場から考えてみると，どのようなところで間があると引きつけられるでしょうか。「印象に残る」ポイントで間を効果的に使う技術や，「思考する場面」で間を使う技術があります。

間を効果的に使えるようになるには，自身の授業を振り返ってみることも大切です。一度録画や録音をしてみて，一通り聞いてみると，聞き取りやすい話し方かどうかがわかります。普段自分の耳から聞こえる声と違うので，はじめは違和感や不快感を感じるかもしれませんが，引きつける授業を展開していく上では，とても効果的です。もし，特に重要箇所がわかりづらかったり，少し一方的に授業が進んでしまっているなあと感じたら，効果的な間の使い方をマスターしていくことで解消されていきます。

Point

効果的な間は，意図的につくることが可能であると認識し，その具体的な手法をマスターして実践していくことが，引きつける上で役立ちます。

3 期待感をもたせる

期待感とは

　TV ドラマを見ていて，丁度よい場面で CM が入ったり，次週の予告を見て早く結末が知りたくなったこと，ありませんか。「この先，どのような展開になっていくのだろうか」という気持ちを抱かせることができれば，CM が終わった後も見ようと思いますが，もしその先への興味がなければチャンネルを変えたり，TV を見るのをやめてしまうかもしれません。

　YouTube だと，サムネイルがとてもインパクトがあると，クリックして見てみようと思うし，広告ではデザインや文言にインパクトがあると，もっと見てみようと思いますよね。

　このように，人は「これって何だろう」「この先どうなっていくのだろうか」と興味をもつと，その先を見ようとします。ワクワクすると本能的に先が気になっていくのです。このワクワクする気持ちを期待感と呼びます。

　これは，授業でも同じです。同じように期待感を抱かせることができます。「え？　いったいこれは何？」「この先，どうなっていくのかな？」ドラマや映画の展開と同じように，ワクワクするような場面が演出できれば，子どもたちは前のめりになって授業を受けるようになっていきます。

　では，期待感を抱く場面についてのポイントをもう少し細かく見ていきます。

期待感を抱く場面

　子どもたちにどのように期待感をもたせる授業を展開していくかを考える時，場面に区切って考えていくと効果的です。1 回の授業の中で，特に期待感を抱かせることができるところが，冒頭と山場，切り替わりのタイミング

です。

　授業の冒頭で「なんか楽しそう」「え？　いったい何？」という興味関心を引くような展開にもち込めるかが勝負です。特に，期待感という観点で見ていくと，「想定外」なことが起きると子どもたちは授業に身を乗り出してしまうのです。例えば，算数の割り算の授業で，先生が授業の冒頭で，いきなり段ボールの中からみかんを取り出して，机の上に並べだしたら，どうでしょうか。普段教科書を開いて，今日のめあてを黒板に書いて，という手順で授業を行っているならば，子どもたちにとっては想定外ですよね。「いったい何がはじまるの？」となります。

　授業の山場でも，期待感を抱かせることができます。山場をどこにもっていくのかということがポイントになりますが，その日の授業で最も伝えたい，重要な箇所を山場として，子どもたちの視線を集めることができると効果的です。「では，今から言うことはとっても大事なことです。テストにも出ます。それは…」と大事なことを言う前に，少し間を取ってみることによっても「何だろう」と視線を集めることができます。大事なことは，あえてその大事な言葉の前に間をもたせることにより，印象深く記憶にも残るものです。

　共通しているのは，先が気になる，ということです。今この瞬間よりもこの先が気になる，という場面を演出することが期待感の正体です。

　期待感をもたせる伝え方をしていくには，教師の側に「楽しませたい」という意識が常にあることも大事なポイントです。楽しませたいという気持ちがあるからこそ，授業にも工夫が凝らされていくのです。

Point

　期待感とは，今この瞬間よりも，この先がもっと気になる，ということ。期待感を抱かせる場面を想定して，授業を構成することが大事。

メソッド
4 ワクワク楽しい気持ちにさせる

教師のマインドで大事なこと

　授業で，子どもたちをワクワク楽しい気持ちにさせるには，どうしたらいいのか。教師にとっては大きなテーマの一つです。もちろん，教材研究をしっかりと行い，良い素材を見つけて授業を構成することが大切なことであるのは言うまでもありません。しかし，教材研究を行う前に抱いておかなければいけない大切なマインドが2つあります。

　1つ目は，「教師自身が楽しんで授業を行う」ことです。楽しいという気持ちは伝染していきます。「楽しい」という感情を全面に出して授業を行っていると，自然と子どもたちも楽しくなっていくのです。「このクラスはあまりノリが良くないから」等と思って，控えめに行う必要はありません。大切なことは，教師自ら雰囲気をつくっていくことです。授業開始直後はあまり雰囲気が良くなく硬かったとしても，だんだんと教師の雰囲気に染まっていきます。

　2つ目は，「子どもから見えている世界に関心をもつ」ことです。子どもたちがワクワク楽しい授業というのは，「自分にとって身近なことか」ということと密接に関係しています。誰しも，自分にとって身近なことや興味があることには積極的に取り組もうとしますし，逆に疎遠なことには関心をもちません。もし全くマンションを買う気もなく興味もないのに，いきなり営業マンにマンションの説明について延々と聞かされても，関心をもちませんよね。これは授業を受けている子どもたちの心理とも同じです。

　子どもたちが見えている世界とはどのような世界で，どんなことに関心をもっているのか，ということを日頃から意識していれば，ワクワク楽しい授業になるヒントが得られます。子どもたちの間で今はやっていること，好き

な漫画や遊び等，日常的にコミュニケーションをとりながら把握できていれば，興味のあることを授業のネタとして使うこともできます。私は以前，中学生の社会科の授業で，「平安時代とサッカー」という切り口で授業をスタートしたことがあります。何故かというと，サッカー部の子やサッカー好きが複数いたからです。蹴鞠とサッカーがつながっているという話に触れて本題に入ったところ，歴史嫌いなサッカー部の子は興味をもってくれました。

　ワクワク楽しい授業の根底には「相手の世界を知ろう」というマインドと密接不可分なのです。

教師が行う上で大事なこと

　大切にすべきマインドを踏まえた上で，具体的に行うと効果があるのが「笑顔」と「褒める」です。

　教師が笑顔で楽しく授業を行っていると，子どもも笑顔になり楽しい気分になってきます。その理由は，人には，ミラーニューロンといって，実際に体験していなくても他人が行っているのを見ただけで，脳内に同じ状況を再現してしまう役割があるからです。

　笑顔でいることが，相手も笑顔にしていくのはこのためです。日頃から教師が自然と笑顔を振りまいていると，教室の中に楽しい空気がつくられていきます。

　「褒める」ことも大事なポイントです。授業中にできたことを先生に褒めてもらえると，例え勉強が嫌いだったとしても，嬉しい気持ちになります。次第に，もっと頑張ってみようという気持ちになり，できるようになれば楽しくなります。

Point

　教師自身が楽しんで授業を行い，子どもから見えている世界に関心をもつことが，ワクワク楽しい授業へつながる第一歩です。

メソッド 5 聞き取りやすい言葉と話し方で伝える

聞き取りやすい言葉と話し方

　聞き取りやすい言葉と話し方で伝えることは，「引きつける」上で大事なポイントです。では，聞き取りやすい言葉と話し方で伝えるには，どのような点に注意したらいいのでしょうか。

①口癖が入っていないか

　「え〜」や「あの〜」，「まあ」，といった無駄な口癖が入っていると，話を聞き取りづらくなります。口癖が酷いと，本来伝えるべきことがスッキリと伝わらず，聞き手側も口癖にばかり着目してしまうことにもなりかねません。私は子どもの時，先生が授業中に「え〜」を何回言うのかを数えていたことがあります。子どもたちは，教師が思っている以上に，教師の話し方の癖を知っているものです。

②短く話す

　とにかく話が長い教師は嫌われます。しかし実際，話が長い教師はとても多く，色々と伝えたい，理解させたいという思いから長々と話してしまうことが多いようです。ただ，考えるべきことは「相手にどう伝わっているか」ということです。話が長くなることのデメリットは，「ポイントが伝わりづらい」「この先生はくどいと悪印象をもたれる」「集中力が切れる」等が挙げられます。これらの要素は全て，引きつける上ではマイナスです。短く簡潔に話すことを習慣にしていくことが，引きつける上では大切になります。

③適度な大きさ

　声の大きさは，「張りがあって後ろまで届く声」が理想的です。特に若手の先生ですと，まだ声の出し方に慣れておらず，後ろまで声が届かないという場合も時々見かけます。声は，喉から出すのではなくお腹から出す「腹式

呼吸」を意識していくことが大切です。

　また，声は常に大きく元気であれば良いというものでもありません。いつも声がキンキンに響き渡っているような状態だと，子どもたちも疲れてしまいます。明るく元気に響き渡る大きさの声を基本として，場面に応じて強弱をつけることも大切になります。「これから大事なことを言うので，あえてゆっくり低めに話をしよう」といった変化をつける習慣があると，より引きつけることが可能です。

④適度な速さ

　ゆっくり丁寧に話すことは，必ずしも引きつける上で効果的ではありません。もちろん，早口すぎて聞き取れないようでも駄目です。「少し早い」くらいが引きつける上では丁度よいのです。

　特に低学年の先生は，ゆっくり丁寧に指導しないと伝わらないのではと心配になる方もいらっしゃいますが，少し早いくらいのテンポで進んだ方が授業にものめり込みやすいです。昨今，YouTube を見ている子どもたちが多いですが，YouTuber は早口な方が多く，その口調にも慣れているので，その影響もあるかと思います。

教師が行う上で大事なこと

　大切なことは，「自分の話し方の癖を知る」ことです。そのためには授業を録音することをおすすめします。客観的に聞くと，気づかない癖を知ることができ，話す技術も向上していきます。

> **Point**
>
> 　聞き取りやすい言葉と話し方で伝えるためには，自分の話し方の特徴を把握することが大切。

6 記憶に残る指示を出す

指示を出す時に心がけること

　指示を上手に出すことができれば，子どもを引きつける授業を展開できますし，逆に下手な指示の出し方だと，子どもを引きつける授業を展開していくのは難しいです。

　教師が出す指示は，教室の雰囲気を一気につくり変えるほどの効果があるのです。しかし，このことに気づかずに，何となく指示を出しているケースがよくあります。これは大変もったいないことです。

　特に若手の先生ですと，子どもたちに指示が行きわたらずに，教室の統制がとれず，下手をすると学級崩壊をしてしまうこともあります。いくら指示を出しても，それが相手に伝わるものでなければ，子どもたちも先生の思い描くようには動きません。

　指示を出す時に心がけることは，「その指示がちゃんと全員に伝わっているか」ということです。ここでいう伝わるとは，「その指示内容を理解して，的確に行動ができるか」ということになります。

　もし，指示を出しても思い描いているような行動につながらないのであれば，それは指示の出し方に問題があります。子どもたちに原因を求める前に，先生自身の指示の出し方に目を向けることが大切なのです。

記憶に残る指示を出す

　指示を出しても子どもが動かない時，どのような指示を出したのか思い出してみましょう。言葉が不明瞭だったり，指示が長すぎたりしていませんか？　上手くいかない時の多くは，このような「記憶に残らない指示」なのです。

子どもたちに活動指示を出す場面で，長々と指示を連ねていても，内容を忘れてしまいます。また，指示を出した後の子どもの反応にも注目してみることが大事です。ぽかんとした顔をして反応が薄い場合は，指示内容が理解できていないことが多いです。

　なかなか子どもたちが学習に取り組んでくれない，授業中がざわつくことが多い，そんな状況が気になる時，指示の出し方を振り返ってみると原因がわかり，解決に向かうこともあります。指示が不明確なことにより，学習意外のことに目が向いてしまって隣の子にちょっかいを出したり，手遊びをはじめたり，といったことは起こりえるのです。

　指示は，「短く，かつ的確に」伝えることが大切です。これは，指示だけでなく発問や説明にも共通することですが，短くかつ的確な言葉というものが，記憶に残るのです。

　人の記憶は，長くて回りくどい言葉を簡単に記憶してくれません。短く的確な言葉であれば，脳にもストレスが少なく入っていきます。今まで話し方が回りくどかったという方は，簡単にその癖はなおりませんが，日々努力していくことによって，改善することができます。

　記憶に残る指示を出すには，日常的な努力の積み上げが効果を生んでいきます。授業の前にノートに指示内容を書き出し，無駄な言葉を削ってみることや，日常会話でもシンプルな伝え方をしてみたり，授業を録音してみて，授業後に指示内容を振り返ってみたりといった地道な努力が，技量を上げることにつながります。

　大切なことは，「意識して行動する」ことと「行動を継続する」ことです。この2つを兼ね備えていれば，大きく飛躍していきます。

Point

　記憶に残る指示を出すことが大切。そのためには，「短くて的確な指示」が出せるように努力していく。

メソッド 7 思考の階段を上らせる

相手の立場を想像することから

「どうしたら子どもたちがもっと考えるようになるのか」「深い学びにするためにはどうしたらよいのか」——教師の立場からすると，子どもたちが主体的に学び，考えを深めていく授業を模索するのは当然のことです。

しかし，実際はどうでしょう。教師の思い描いているように，スムーズに理想通りには，授業の展開が進まないことがよくあるのではないでしょうか。

特に，少し難しい問題に取り組む時に，子どもたちが集中力を切らした反応を示すことはよくありますし，すぐに考えるのを放置してしまうという状況もあります。

このような場面に直面した時，教師としてどう考え，どう行動するかがポイントになります。集中力を切らしてしまった子に対して，仮に叱責したとしても，中長期的な観点で見れば効果はありません。

大切なことは，「相手の立場を想像する」ということです。「どうしたら子どもたちがもっと考えるようになるのか」という視点は，あくまで教師の都合です。子どもたちにとってはどうでしょうか。勉強が好きで得意な一部の子たちにとっては前向きにとらえられるかもしれませんが，「難しい問題はあまり考えたくない」という気持ちになる子が多数です。

思考の階段の種類と方法

特に応用問題や少し難しい文章題等が苦手な子たちは，そもそも考える切り口が浮かばないことが多いです。考えてみようと先生に言われても，何をどう考えればいいのかがわからない，ということもあります。そんな時は，少しヒントを出して，考える切り口を出していくことが大切です。

例えば算数や数学の文章題で，子どもたちがつまずきやすい少し難しい問題であれば，制限時間を設けてはじめはノーヒントで考えてもらい，時間がきたら，図を書いて穴埋めにしてみる，等の方法があります。

　最終的には自力で全て解けるようにしていくことが大切ですが，一気に階段を上らせようとすると，子どもはますます嫌いになっていきます。しかし，「思考の階段を上らせる」ことができれば，勉強が苦手な子も引きつけることができます。

　この考え方は，1回あたりの授業で行うだけではなく，中長期的に計画を立てて行っていくことも大切です。3学期に，「全員がノーヒントで応用問題に取り組めるようにする」という目標を立て，2学期中旬まではヒントありで進めていく，というように時系列で考えていくことも，子どもの抵抗感を減らして軌道に乗せる上では役立ちます。

　話し合い活動でも，同じように思考の階段を上らせていくことが，引きつける授業につながっていきます。一気に5～6人のメンバーで話し合いの活動を入れて思考を深めようとしても，なかなか喋らない子も出てしまい，上手くいかないことがあります。そんな時には，ペアワークから始めることがポイントです。さらに，ペアで始める前に，自分の考えをノートに書いておくところからスタートすれば，話すネタがない，ということも防げます。

　苦手意識を減らしていくのには，徐々に段階を踏んで前に進めていくことがポイントです。引きつける授業を行うためには，焦らず時間をかける場面も必要です。

Point

　子どもたちにとって難しい問題や，抵抗感のある取り組みは，思考の階段を上らせて引きつけていく。

板書技術で引きつける

板書の役割

　そもそも，板書は何故行うのでしょうか。板書をする授業が当たり前な環境で教育を受けてきて，当たり前のようにノートに書き写してきた方々にとっては，実はあまり深く考えたことがないことかもしれません。

　板書といっても，授業の形態や授業のねらいによって，様々な役割があります。今回の授業では何をねらいとしていて，そのねらいを達成するために，どのような板書を取り入れていくのがよいのか，という視点をもつと，より効果的な板書となります。

　もし，その授業で扱う単元の抽象度が高く，理解が難しいことが想定されるのであれば，よりイメージが湧くような構造を意識した板書や，イラスト等を盛り込んだ板書が効果的ですし，子どもの考えを表現させる場としてとらえるならば，思考表現の場として効果的な板書の活用方法を取り入れるとよいでしょう。

　本書では，「引きつける」という観点に立って板書の役割と活用技術について記載していきます。細かな技術の前に，そもそも板書を使って子どもたちを引きつけるための原理原則は何なのか，ということについて確認していきましょう。

板書技術で引きつけるための原理原則

　子どもたちが板書を通して「この授業いいな」と前のめりになっていったり興味が湧いてきたりするのには，どのような原理原則があるのでしょうか。

　ポイントは，「視覚情報」と「聴覚情報」にあります。板書なので「視覚情報」はわかるかと思いますが，「聴覚情報」についてはピンとこないかも

しれません。しかし，子どもを引きつける上では，実はこの「聴覚情報」も鍵を握っています。

①視覚情報

　ではまず，視覚情報から確認していきましょう。ここでとても大切なのは，子どもたちから黒板がどのように映っているかを意識していくことです。

　黒板を見ることによって，「この授業にもっと集中していこう」「なんか楽しい」「とてもわかりやすい」…こんな気持ちになっていくのは，どのような黒板でしょうか。ポイントは，「見やすい字」「見やすい構成」「色分けが適切」という点にあります。

　また，子どもが黒板に視線を向けた時，ノートに字を書きやすい状態でなければいけません。先生が邪魔で，子どもが板書の内容を記載しづらい時もあります。子どもたちがノートをとりやすくするための板書技術をマスターしていくことも大切です。

②聴覚情報

　聴覚情報とは，「先生の声と板書に書くタイミング」がどのようになっているか，ということです。引きつける板書技術を考える時，「話をしながら書く」という場面が効果的なことがあります。本書では，より詳細に「話をしながら書く」という技術についても紹介しています。

　板書技術は奥深く，様々な活用方法があり，ベテランで板書に自信のある先生は，色々な見せ方を知っています。まだ経験の浅い先生方が，いきなり職人級のものに迫るのは難しいかもしれません。しかし，原理原則と個別の対応技術を積み重ねていくことで，確実に前進していくことができます。

Point

　板書の役割を踏まえた上で，引きつける授業に効果的な原理原則を理解していくことが大切。

2章

「話し方」で引きつける技術

1　開始第一声で注目させる

 授業の導入が大事だと言われますが，特に注意することはありますか。

 開始第一声で注目させることができると，その後も引きつけやすいです。

授業開始直後の開始第一声

休み時間が終わり，授業が始まる。その開始直後の教師の声に，子どもたちは影響されます。「休み時間はさっきまで，ここからは授業が始まるよ」という明確な区分けを，話し方と話す内容で明示していくことが大事です。

締まりがあり，大きめで少し高めな声だと，子どもたちもスイッチを切り替えて，授業に集中しやすくなります。逆に，だらっとした締まりのない声で，声のトーンも低めだと，切り替えモードに入りづらい傾向があります。

メリハリのある授業が良いとよく言われます。このメリハリとは何なのかというと，授業の中身に緩急をつけていくことも勿論なのですが，声にメリハリをつけるということも該当します。

そもそもメリハリとは，尺八などの管楽器の音を低めたり高めたりすることが語源です。強めの声や緩い声を上手く使い分けることが，教室の雰囲気をつくっていきます。

Point　声にメリハリをつけて，休み時間と授業時間の違いを明示する。

開始第一声のパターン

声にメリハリをつけること。特に開始直後は締まりのある大きめの声で少

し高めが良いのですが，状況によっては違うパターンも用意しておいた方が効果的です。

　開始時間になっても少しざわついている時には，声のトーンを少し落として話しはじめることや，あえて話をしないで，黙るまで待つというやり方もあります。

　また，開始直後の話のパターンに慣れてしまうと，子どもたちにも刺激が弱くなっていくので，慣れてしまったら導入で話す内容を少し変えたり，工夫することも，引きつける上では大切なポイントになってきます。

Point 開始直後にざわついている時には，声のトーンを落とす，あえて話をしない等のやり方もある。

実践しよう！

 NG

授業開始直後，締まりのない声で始めると，引きつけるのは難しいです。

▶ 声のトーンと合わせて，「えー」等の無駄な口癖は極力無くした方が，引きつけられます。

 OK

授業開始直後は，締まりのある，大きめで少し高めの声が，引きつけやすいです。

▶ 開始直後にざわついている時には，声のトーンを少し落として話しはじめたり，あえて話をしないという方法もあります。

2　意外性のあるキラーフレーズを用意する

子どもたちから注目を集めるために，授業を工夫したいです。

意外性のある「キラーフレーズ」を使うと注目を集めます。

一見関係なさそうな言葉を組み合わせる

　子どもたちから注目を集めるためには，先生の発する言葉を工夫していくことが大事です。言葉に意外性がなく，当たり前のことを当たり前に話をしていても，注目を集めることは難しいのです。

　例えば，「歴史は，流れが大事ですので，出来事の順番を意識していきましょう」と伝えたとします。もしこれが大切なことで，記憶に定着させたいと思ったならば，より言葉を洗練して伝えていった方が効果があります。

　仮に，「歴史は整理整頓です」と話を切り出したらどうでしょうか。前者の説明と内容は同じものだったとしても，こちらの方がインパクトがあります。

　「歴史」と「整理整頓」という一見関係のなさそうな言葉を組み合わせることで，言葉が際立ちます。

Point　一見関係なさそうな言葉を組み合わせて話を切り出す。

キラーフレーズ

　このような，一見関係なさそうだけれど，相手を引きつける言葉を「キラーフレーズ」と呼びます。

このキラーフレーズが上手に使える先生は，子どもたちの注目を集めることができます。私が高校生だった頃に習っていた予備校の先生は，「現代文は大人の社交場だ」と話していました。この言葉はいまだに私の心に残っています。

　広告に例えるならば，「キャッチコピー」です。短くてシンプルでインパクトのある表現は，相手の心を揺さぶるのです。

Point キラーフレーズを活用し，子どもの視線を集める。

〈参考文献〉渋谷文武『カリスマ講師 THE バイブル』サンクチュアリ出版，2015年

実践しよう！

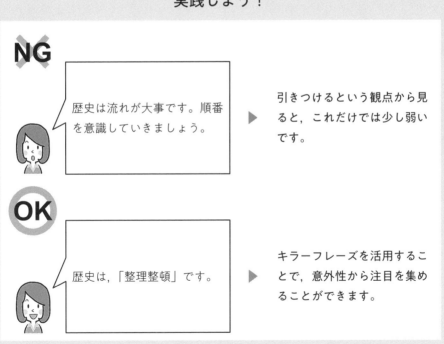

3 「初頭効果」と「親近効果」を使い分ける

大事なことを伝えるのに，よいタイミングはありますか。

授業の冒頭で伝えた方がよい場合と，授業の後半で伝えた方がよい場合があります。

大事なことを伝える場面

　授業の中で大切なことは，しっかりと覚えてもらって授業を終えたいものです。では，授業のどの場面で大切なことを伝えればよいのでしょうか。

　心理学の視点で見ていくと，「初頭効果」と「親近効果」という2つの考え方があります。

　初頭効果とは，大事なことは前半に伝えた方が印象に残りやすいという心理効果です。親近効果は，初頭効果とは逆で，大切なことは後半に伝えた方がよいという心理効果です。

　それぞれ，状況によって使い分けていくことが効果的です。

Point 大切なことは授業の前半に伝えた方がよい場合と，後半に伝えた方がよい場合と，両方ある。

初頭効果と親近効果の使い分け

　では，どのような時に使い分けていけばよいのでしょうか。

　まだ子どもとの人間関係があまりできていない時や，集中力が低い，興味関心が低い時には，初頭効果を用いて前半に重要なことを伝えるのがおすすめです。前半に伝える方が，まだ記憶に鮮明なことが多く，後半にいくにつ

れて記憶が薄まっていきます。

　逆に子どもとの人間関係が形成されていて，集中力が高く，興味関心が高い場合には，授業の後半で大切なことを伝えることも効果的です。

　これは，授業でもそうですが，教科内容以外に教師が話をする時にも役立つ考え方です。集中力が低い状態では，いくら内容が良いものでも，話の山場を後半にもっていっては大事なポイントが印象に残りづらくなります。話の順番によって，同じ内容でも印象や定着が大きく異なります。置かれた状況を見極めた上で，適切な方法がとれるようになっていくことが大切です。

Point 人間関係・集中力・興味関心によって，大事なことを伝える場面は区別する。

実践しよう！

ここは覚えて帰ってほしい大事なことだから，授業の最後に言おう…。

▶ だらだらと，長い話をして後半に結論をもってくるのは，印象が低下して記憶から消えやすい。

今は集中力が低いから，最初に大事なことを伝えてしまおう！

▶ 子どもの興味関心が向いていない時は，前半に大事なことを伝え，インパクトを与えていく。

4 「始高終低」で説得力を上げる

「声が通らない」「眠くなる」とよく言われて困っています。大きな声を出す以外にできることはありますか。

「始めを高く，後ろを低く」もしくは「始めを強く，後ろを弱く」話をすることを意識してみましょう。

印象に残る話し方

「あの人の話は印象に残りやすいな」という人もいれば，「あの人の話はなんかインパクトが弱いんだよな」という人もいます。学生時代や子どもの頃を思い浮かべてみると，「毎回必ず眠くなってしまう先生の授業」が思い浮かびませんか。その先生の話し方を思い浮かべてみると，「話し方に波がない」平坦な話し方が多かったのではないでしょうか。まるでお経のように，同じトーン・一定のペースで話をしていると，内容は頭に入ってきづらくなります。話している内容はとても良いものだったとしても，まるで催眠術にかかったかのように睡魔が襲ってきてしまうのでは，相手には伝わりません。

「メソッド1　開始直後の反応で授業が決まる」「メソッド5　聞き取りやすい言葉と話し方で伝える」とも関連していますが，「話しはじめのインパクトを上げる」話し方が印象に残り，聞き取りやすい話し方です。いかにして冒頭で印象付けるかが大切なのです。

Point 印象に残る話し方は，「冒頭」でのインパクトが重要。

「始高終低」で説得力を上げる

では，印象に残る冒頭でインパクトを強くする話し方とは，どのような話

し方でしょうか。ポイントは，「始めを高く，後ろを低く」もしくは「始めを強く，後ろを弱めに」話をすることです。

　「今日はとっても大切な話をします」というフレーズを発する時を例に考えてみます。「今日は／とっても大切な／話をします」と固まりごとに区切っていき，この固まりそれぞれの語尾を上げて話す場合と，語頭を高めに話す場合とを比べてみるとどうでしょうか。語尾上がりの話し方は，印象に残りづらく説得力を欠きます。逆に，前半を高めに話をすると，説得力が上がるのです。

Point インパクトのある話し方は，前半に印象を残すことがポイント。

実践しよう！

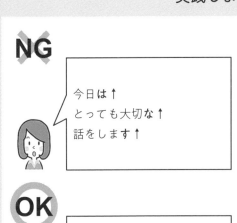

語尾が尻上がりだったり，音の高低がないと，相手に印象に残る話し方にはなりません。

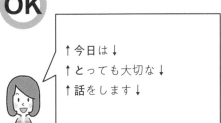

「冒頭を高く，後半を下げる」もしくは「冒頭を強めに，後半を弱めに」話すことが，印象に残る話し方です。

5 重要フレーズの前に間を取る

間を取ることが授業では大切と言われますが，具体的にどのように
すればよいでしょうか。

重要フレーズの前に間を取ると，引きつけることができます。

間を取る場面

　間を取ることは，授業力を上げていく上で大切なポイントであることは，
1章のメソッド2にてお伝えした通りです。

　では，具体的に間を取るにはどうしたらよいのでしょうか。「間」には
「印象に残る」ための間と，「思考を促す」ための間がありますが，子どもを
引きつける上では，「印象に残る」間を演出することが大切です。

　授業の中では，これだけは必ず押さえてほしいという重要フレーズが出て
きます。その重要フレーズの前に「間」を取ると，重要フレーズへの印象が
深まります。

　例えば，「不定詞の大事なポイントは，to＋動詞の原形です」というフレ
ーズがあります。このフレーズでは，「to＋動詞の原形」という部分が重要
フレーズになりますので，その直前で少し間を取るのです。

Point 重要フレーズの前で間を取る。

間を取る時の注意点

　重要フレーズの前に間を取る際，注意すべきことがあります。

　まず，1回の授業で何回も使わないことです。何回も使うとマンネリ化し

てしまいますし，そもそも重要ポイントが1回の授業で何回もくるということは，基本的にはないです。ここぞという場面で使えるようにとっておきましょう。

また，慣れていないと，その場でいきなり間を取るのは難しいです。事前にこの場面で使うと決めておき，実践していくことがスムーズに導入する上でのポイントになります。

Point 重要フレーズ前の「間」は，1回の授業で1回までにする。

実践しよう！

NG

第一次世界大戦の特徴は，総力戦です。

▶ 間を取らずに大切なことを伝えると，大事なポイントの印象が薄くなります。

OK

第一次世界大戦の特徴は，（間）総力戦です。

▶ 重要フレーズの前に間を取ると，印象に残りやすくなります。

6 「先が気になる」伝え方でワクワクさせる

授業中，子どもたちが飽きてしまうのですが，何かいい方法はありませんか。

「これから先はどうなるんだろう？」というような期待感をもった伝え方をしてみましょう。

ワクワクする時はどんな時か

TVを見ていると，丁度よいタイミングでCMが入ることはありませんか？ 内容の核心に触れそうなタイミングでCMに入ってしまうと，「早く見たいな」というワクワクした気持ちになりますよね。TVドラマを見ていて，ラストのシーンが「これからどうなるの？」というようなタイミングで終わった時も，次の回が楽しみでしょうがないですよね。

実は，これは授業でも同じなのです。「これからどうなるの？」という気持ちを子どもたちに抱かせることができれば，飽きずに授業に入り込みます。

Point 「これからどうなるの？」という気持ちを抱かせる。

「先が気になる」伝え方

授業の中で，その先が気になるような仕組みを入れるには，教科書の変わり目や，単元の切り替わりがポイントになります。

T　今までやってきたところは，特に大事なポイントですので，しっかりと覚えておきましょう。

T　では，次のページを開いてください。これからやるところは，実は，さっき学んだところよりももっと重要なところになります。これから学

ぶところはテストにもよく出るので，集中していこう！

　このような感じで，今まで学んだところより，もっと大事なことが次にくる，ということを伝えます。すると子どもたちは，「もっと大事ならばちゃんとやらなければいけないな」と集中せざるをえなくなるわけです。

　例えば雑談でも，「この前の日曜日，遊園地に行ってきました」と伝えるのと「この前の日曜日，とってもワクワクしてスリリングなところに行ってきました」と伝えるのでは，後者の方が「どこに行ったの？」と気になりますよね。

> **Point** 「今まで学んだところより，もっと大事なことが次にくる」ということを伝えると集中する。

実践しよう！

NG

この前の日曜日，遊園地に行ってきました。…

▶ 授業でも，「…，では，次のページ。…」と前と同じ流れで新しい学習に入っても，興味がないと集中力が切れていきます。

OK

この前の日曜日，とってもワクワクしてスリリングなところに行ってきました。…

▶ 先が気になる話し方だと，その先の話が気になってしょうがなくなります。

7　感情を乗せて気持ちを伝える

「授業が淡々としている」と他の先生からアドバイスをもらいました。どうすればいいでしょうか。

感情を出して授業を行っていくことが大切です。

感情を出すことのメリット

　感情をあらわに授業を進めていくのが得意な先生と，苦手な先生がいます。
　私はもともと感情を表に出すことが苦手でした。子どもたちの前でも，あまりテンションを上げるのは得意な方ではなく，どちらかというと淡々としている方だったのです。ある時，同僚から「淡々としていて心が込もっていない」ということを言われて，非常に悔しい思いを抱きました。
　それ以来，感情表現は10倍オーバーに伝えるということを意識しました。すると反応が上がってきたのです。感情を込めて伝えていくと，相手の表情も変化していくことを感じるようになっていったのです。
　この「10倍オーバーに」は，万人に共通して言えるものではありません。感情表現が得意な人が行うと過剰になってしまいます。感情表現が苦手だからこそ使えたのですが，苦手にも段階があるので，自分に合った表現はどのくらいなのか，相手の表情を見ながら調整して上げ下げしてみてください。

Point 感情表現が苦手な場合は，オーバーに表現してみる。

感情を乗せていく授業

　感情を出して授業を行うことは，子どもを引きつける上でもとても大切な

ポイントです。先生が楽しい気持ちで楽しい感情を全面に出して授業を行えば，子どもたちも楽しい気持ちになっていきます。逆に，「今日は疲れたなあ」というようなマイナスの気持ちで授業に臨むと，その感情も表れてしまうのです。いくら教材研究を行って，良い素材を授業で使うにしても，感情が込もっていないと，子どもたちを引きつけることは難しいのです。

　「最近なんか子どもたちの反応が悪いな…」と感じた時は，まずは自分自身の感情表現を振り返ってみると，改善へのヒントが見つかるかもしれません。

Point 感情を乗せて授業を行うことが大切。

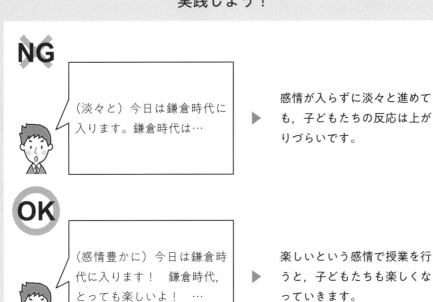

実践しよう！

NG
（淡々と）今日は鎌倉時代に入ります。鎌倉時代は…
▶ 感情が入らずに淡々と進めても，子どもたちの反応は上がりづらいです。

OK
（感情豊かに）今日は鎌倉時代に入ります！　鎌倉時代，とっても楽しいよ！　…
▶ 楽しいという感情で授業を行うと，子どもたちも楽しくなっていきます。

8 「私」を主語にして想いを伝える

 宿題をやってこない子に対して，理由を問い詰めても改善されません。

 「あなた」ではなく「私」を主語にした伝え方にすると，受け止める子どもたちの気持ちも変わっていきます。

「あなた（You）」をベースにした伝え方

　宿題をやってこない子に対して，どのような話をして改善させていくとよいでしょうか。「なぜ宿題やってこなかったの」と理由を問い詰めても，なかなか前に進まず，結局改善されなかった。こんな経験はないでしょうか。

　他にも，これと同じような場面は想定されます。「なぜ○○できないの！」と言ってもなかなか改善されない。どうしたらよいでしょうか。

　共通しているのは「あなた（You）」をベースとした伝え方になっているということです。相手の行動を変える時，相手を主体として変化を起こしていこうとしても，なかなか難しいことがあります。何か問題行動を起こした時には，既に問題を起こしてしまっているわけで，その発生理由を問いただしてもなかったことにはできません。場合によっては責められているという気持ちだけ残ってしまうかもしれないのです。

　そこで使えるのが「私（I）」をベースとした伝え方です。

Point 「あなた（You）」をベースに伝えても行動改善されにくい。

「私（I）」をベースとした伝え方

　例えば，「宿題をやってきてくれたら，私は嬉しいよ」という伝え方なら

どうでしょうか。相手の行動の是非を相手に問うのではなく，私はあなたのことをどう思うのかという気持ちを伝えるのです。

この「私（Ⅰ）」を主語とした伝え方を， Ⅰメッセージ と呼んでいます。You を主語にすると，事実ベースの話になり，Ⅰを主語にすると話者の感情が話の幹になります。

理性と感情，人はどちらで動くのか。人の行動を最終的に決定するのは感情です。「A先生が言うと言うことを聞くが，B先生が言うと言うことを聞かない」これも，事実ではなく感情が事を左右していることの表れです。

Point 「私（Ⅰ）」を主語にすると，行動を促しやすい。

実践しよう！

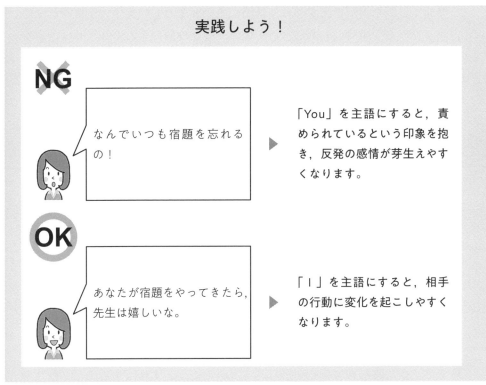

「You」を主語にすると，責められているという印象を抱き，反発の感情が芽生えやすくなります。

「Ⅰ」を主語にすると，相手の行動に変化を起こしやすくなります。

9 言葉を短くする

説明している時や指示を出している時，子どもの集中力が低下してしまいます。どうしたらいいですか。

言葉を短くすることがポイントです。教師の言葉が長いと，子どもの集中力は低下しやすいです。

言葉が長いと集中力が低下する

　発問，説明や指示を出す際に，言葉が長いと子どもの集中力が低下します。言葉が長いと，瞬時に教師の言っていることが理解できなかったり，内容を忘れてしまったりするからです。

　特に若手の先生でまだ経験が浅いと，指示を出した時に，子どもがポカンとした表情をしていて，なかなか動き出せない場面に出くわしたことがあるかもしれません。この場合の理由の一つに，「言葉が長すぎて，よくわからない」ということが考えられます。

　短い言葉で，洗練された内容を伝えていくことができるようになると，集中力も向上します。

Point 言葉が長いと集中力が低下します。

言葉が長くなりやすい時

　では，特にどのような時に言葉が長くなりやすいでしょうか。元々の癖で長く話してしまう場合は，無駄な言葉を削ぎ落し，早急にその癖をなおしていくことが大事です。また，授業で言葉が長くなりやすい場面があります。例えば，少し難しめの単元を扱う時，説明しようとすればするほど，むしろ

子どもの理解が遠のいていくことがあります。説明量を増やしても，理解の助けになることは少なく，むしろ理解の遠回りになることも多いです。言葉を短くして，簡潔に説明することは，難易度が上がるほど求められる技術です。

また，「くどくど言わない」ということもポイントです。大事なことだからと念押しして繰り返す先生もいますが，同じことを繰り返しすぎると「くどい先生」というマイナスの印象を与えます。また，言葉に重みがなくなり，子どもたちがダレる原因にもなります。1回で子どもたちの頭に定着するように，短い言葉で洗練された話し方を考え実行していくことが大事です。

Point 大切なことは，短くシンプルに伝える。

実践しよう！

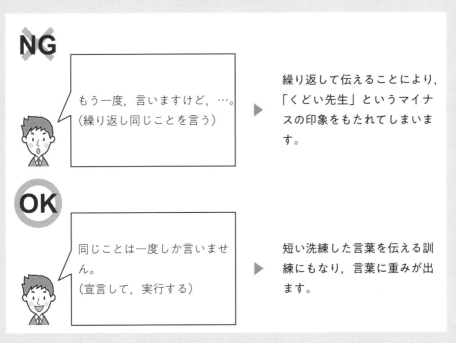

NG

もう一度，言いますけど，…。
（繰り返し同じことを言う）

▶ 繰り返して伝えることにより，「くどい先生」というマイナスの印象をもたれてしまいます。

OK

同じことは一度しか言いません。
（宣言して，実行する）

▶ 短い洗練した言葉を伝える訓練にもなり，言葉に重みが出ます。

10 早口で伝えて集中力を上げる

ゆっくり丁寧に話をしているのですが，最近集中力が低下してダレてきています。どうしたらいいですか。

早口で伝えていくことで，集中力を上げていくことも必要です。

早口も大切である

　特に低学年だと，ゆっくり丁寧に伝えるということに意識を置いて話をされている先生も多いです。もちろん，大切なことを聞き洩らさずにゆっくり丁寧に伝えることは大事ですが，早口で話す方が効果的な場面もあります。

　現在の子どもを取り巻く環境を考えてみましょう。最近は，YouTube を視聴する子が増えてきていますが，YouTuber の語り方は，少し早口です。また，お笑いを見てみてもアップテンポな話し方の芸人さんが多いですし，最近の音楽でも速いメロディの曲がたくさんあります。

　このようなスピードに慣れているので，ゆっくり話しながら授業を進めるよりも，少し早口な方が逆に集中力が高まる場合があるのです。

> **Point** 早口で伝える方が集中力が上がる場面もある。

早口が効果的な場面と注意点

　例えば，教師が音読をして，子どもたちが続けて読む場面があります。教師がゆっくり丁寧に読み，間を開けてその後に子どもたちが読むよりも，少し早口で読み復唱していった方が，集中力が高まることがあります。

　早口は，適切に活用していけば，テンポのよい授業となっていくのです。

ゆっくりした話し方では，途中でマンネリ化しやすいですが，早口は心地よいテンポを生みます。また，スピードアップして進めることは，引きつけること以外にも，時間にゆとりをもって授業を進めることにもつながります。

　ただし，何を言っているのかがわからない早口では逆効果です。聞き取りやすい声ではっきりと伝えていくことがポイントとなります。もし，滑舌があまりよくなく，早口になると聞き取りづらくなってしまう場合には，早口言葉の練習がおすすめです。数種類早口言葉をピックアップしてみて，複数回練習し，苦手なものを繰り返していくと上達していきます。

Point ▶ 早口は適切に活用できると，テンポのよい授業となる。

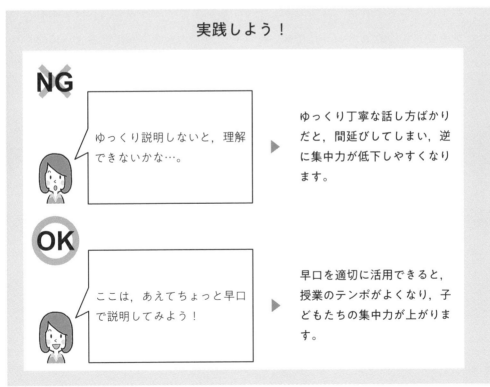

実践しよう！

NG

ゆっくり説明しないと，理解できないかな…。

▶ ゆっくり丁寧な話し方ばかりだと，間延びしてしまい，逆に集中力が低下しやすくなります。

OK

ここは，あえてちょっと早口で説明してみよう！

▶ 早口を適切に活用できると，授業のテンポがよくなり，子どもたちの集中力が上がります。

11 「小さな声」で重要なところを印象付ける

 授業中，子どもたちに重要なところを伝えるには，どのような方法がありますか。

 重要なところは，あえて小さな声で話をしてみると，伝わりやすくなります。

声を使い分ける

人にはそれぞれ声の特徴があります。素の声が大きな人もいれば，小さな人もいます。教師という仕事柄，やはり一定の大きな声が出せるようにならないと，統率していくのは難しいです。

授業中に先生の声が聞こえなかったり，先生が指示しているのに聞き取れなかったりすると，当然子どもたちの集中力も低下していきます。

大きな声を出して，子どもたちに影響力を与えていくことは必要なことですが，常に大きな声を出していればいいわけではないです。あまり頻繁に声を張り上げていると，騒がしくなります。

大切なことは，声を使い分けていくことです。普段から，明朗で聞き取りやすい声で話すことを基本として，場面によって声の大小や強弱を使い分けていくと，より印象に残りやすくなります。

Point 声を使い分けていくことで，印象に残りやすくなる。

小さな声で重要なところを印象付ける

特に重要な場面では，日常の話の流れとは少し違うことを印象付けることが大事です。

特に大事な場面だと，声のトーンが上がったり大きくなったりすることが多いのですが，あえて小さな声で印象付けることも効果があります。

　特に，普段の声が大きめな場合は，より印象が深まります。普段の声が大きめな先生が，さらに大きな声で伝えるよりも，小さな声で伝えた方が伝わるものです。「大切なのは，（小声で）分母同士をかける，ということです」と伝えれば，一瞬声が途切れたかのように聞こえるので，子どもたちは耳を傾けます。

Point 大事なところは，あえて小さな声で話をすると印象に残りやすい。

実践しよう！

NG

大切なのは，分母同士をかけるということです。

▶ 大事な箇所を印象付けないで話すと，何が大事なところなのか印象が深まらずに進みます。

OK

大切なのは，（小声で）分母同士をかける，ということです。

▶ 小声になることで大事な箇所が際立ち，印象付けることができます。

12 「プラスの言葉」で印象付ける

子どもが言うことを聞かず，行動を改善させたいのですが，どうしたらいいでしょうか。

できなかったことをそのまま指摘するような否定的な表現より，望ましい行動を肯定的に伝える方が効果的です。

否定的な表現は伝わりづらい

「青いリンゴを想像しないでください」と言われた時，頭の中にはどのようなイメージが浮かぶでしょうか。「想像しないでください」と言われても，青いリンゴのイメージが頭の中に浮かんでしまいませんか。

脳は否定的な表現を理解することができないのです。どんなに「青いリンゴ」をイメージしないようにしても，イメージしてしまうのが脳の機能です。

「授業には遅れないようにしなさい」このような伝え方ではどうでしょうか。遅れてはいけない，ということは理解できても，どうすればいいのかを脳はイメージすることができません。否定的な言葉は，具体的にどうすればよいのかということを思い起こすために相応しいものではないのです。

Point 否定的な言葉は，どうすればよいのかという行動に結び付きづらい。

肯定的な表現は伝わりやすい

「チャイムが鳴る1分前には席に着きましょう」という表現だと，具体的にどのような行動をすればいいのかがわかります。子どもの問題行動が目につくと，つい否定的に問題行動を指摘してしまいがちですが，大切なことは，

子どもたちが問題行動を改善して，望ましい行動に変えていくことです。

　「お喋りをしないように」という指示も同じです。この場合は，合わせて「先生の目を見て話を聞きなさい」と具体的な行動を伴う指示を出せばよいのです。

　肯定的な表現を使うことを意識していくと，子どもたちの行動が変化していきます。常に「子どもたちが，どのような行動をとることが望ましいのか」という視点で考え，言葉を発していくと，子どもの心にも印象付けられて望ましい行動につながっていきます。

Point 肯定的な言葉は，子どもたちの行動を変化させやすい。

実践しよう！

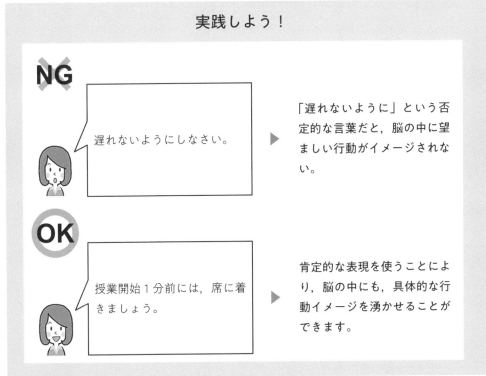

NG

遅れないようにしなさい。

▶ 「遅れないように」という否定的な言葉だと，脳の中に望ましい行動がイメージされない。

OK

授業開始1分前には，席に着きましょう。

▶ 肯定的な表現を使うことにより，脳の中にも，具体的な行動イメージを湧かせることができます。

13 「子どもの頃の話」で親近感をもたせる

引きつける雑談には，どのような話がよいでしょうか。

「子どもの頃の話」は，比較的引きつけやすいネタです。

引きつけやすい雑談ネタ

　授業中にちょっとした雑談を入れることは，子どもたちの集中力を上げる上でも効果があります。

　では，雑談をする上ではどのような内容がよいでしょうか。個々の先生のキャラクターもありますので，一律にこれが良いとは言えないのですが，ある程度一般化して，どの先生でも引きつける上で効果が見込める雑談があります。

　それは，「先生の子どもの頃の話」です。なぜかというと，「共通点がある」からです。人は，自分との共通点があると親近感を覚えます。「先生がみんなと同じ5年生の頃…」と話し出せば，子どもたちは「あ，自分と同じ年の頃の話なんだ…」と反応します。今はもう大人で自分たちとも大分年が離れているけど，先生にも自分と同じ頃の年齢があったんだ，と身近に感じるわけです。

Point 「子どもの頃の話」は引きつけやすい。

引きつけやすい雑談の種類と進め方

　子どもの頃の雑談をする上で，特に子どもたちにウケるのが，「失敗談」

です。人は成功した話よりも，失敗した話の方に興味をもちます。ついつい自分の自慢話ばかりをしてしまう先生がいますが，これはなかなか良く思ってもらえません。成功話や自慢話をする時でも，そこに至るまでに色々失敗したり苦労をしたりした経験を話した方が，引きつけることができます。

　子どもの頃の話以外でも，子どもとの共通項がある話であると，比較的興味をもってもらえます。「学校での出来事」「最近の流行や時事的な話」「住んでいる地域の話」等は，共通点をもち身近に感じることですので，このような切り口で雑談をしてみるのもおすすめです。

　雑談が苦手な先生は，ぜひ参考にしてみてください。

Point 自慢話よりも失敗談の方が，引きつけることができる。

実践しよう！

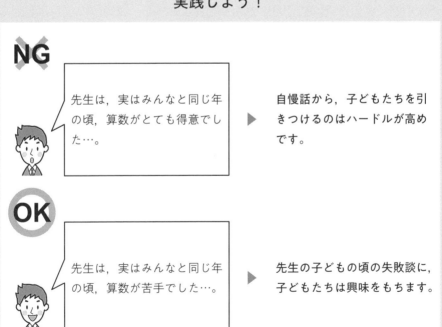

NG

先生は，実はみんなと同じ年の頃，算数がとても得意でした…。

▶ 自慢話から，子どもたちを引きつけるのはハードルが高めです。

OK

先生は，実はみんなと同じ年の頃，算数が苦手でした…。

▶ 先生の子どもの頃の失敗談に，子どもたちは興味をもちます。

14 「ストーリー」でイメージを膨らませる

 説明してもなかなか話を聞いてくれません。どうしたらいいでしょうか。

 説明に耳を傾けてくれない時には，ストーリーで話してみると，興味をもちやすいです。

説明とストーリー

　説明する力は，教師に高く求められます。いかにわかりやすく，引きつける説明ができるかは，授業力を大きく左右しますし，教師への求心力を生んでいきます。

　しかし，扱う単元をそのまま説明するだけだと，単調な雰囲気になったり，場合によっては集中力が切れたりすることもあります。

　説明だと聞かなくても，ストーリーだと耳を傾けるのが人の習性です。例えば，「北海道の気候の特徴は…」と説明だけで話をするより，「先生は去年，北海道に旅行に行きました。1月に行ったんだけど，夜外に出たらマイナス10度でした…」と，旅行に行ったというストーリーを合わせながら話をした方が，「え，旅行に行ったんだ」と耳を傾けます。

Point ストーリーで話をすると，引きつけやすい。

「人を動かす3要素」から組み立てる

　ストーリーが入ると，なぜか耳をそばだてて聞いてしまう。これには理由があります。

　アリストテレスは，人を動かす要素には「人柄・信頼（エトス）」「感情

（パトス）」「概念・理論（ロゴス）」の３つがあると言っています。説明のみで進めると，この２番目の「感情」をとばして３番目の「概念・理論」に入ってしまうために，相手への影響力が下がるのです。

　概念・理論の前にストーリーを入れることにより，子どもたちの感情が揺さぶられます。淡々とした説明よりもストーリーの方が，より共感しやすいですよね。感情と合わせて「人柄・信頼」があれば，さらに影響力を発揮します。

Point 「人柄・信頼」「感情」「概念・理論」の３要素から，ストーリーは感情を動かす役割になる。

実践しよう！

NG

北海道の気候は，亜寒帯と言って，年間通して気温が低いです。	説明だけだと，単調になってしまいやすいです。

OK

北海道の気候は，亜寒帯と言って，気温が低いです。先生は昨年１月，旅行に行きましたが…。	ストーリーで話をすると，興味をもって聞いてくれるようになります。

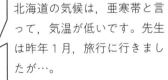

15 「たとえ話」で興味をもたせる

 子どもたちにとって，難しかったり，抽象的だったりするテーマを扱う時には，どうしたら引きつけられますか。

 「たとえ話」を取り入れると効果的です。

たとえ話とは

たとえ話とは，子どもたちにとって抽象的なテーマについて話をする時，具体的なテーマに置き換えて伝えることです。このたとえ話を使うことにより，イメージしづらかったものを具体的にイメージすることができるようになります。

例えば，「接続詞は注意して見なければいけない」ということを伝える時です。国語が苦手な子にとっては，イメージが湧きづらい話かもしれません。そこで，接続詞を信号機に置き換えます。

T　みんな，学校に来る時に信号を通ってきているよね。赤になったら止まれのサインだから止まり，青になったら進めのサインだから歩きだすよね。実はこれ，接続詞も同じなのです。「しかし」が来たら，反対の意味が来るから，これから反対なのだなと思いながら読みます。「そして」はそのまま同じ流れだよというサインです。接続詞はサインなのです。

接続詞を信号機に置き換えて説明することにより，接続詞が大事な理由が明確に浮かびます。

Point ▶ 抽象的なテーマは具体的なテーマに置き換えて話す。

たとえ話のつくり方とコツ

　たとえ話をつくるには，まず，伝えたい箇所をピックアップして，要点を見つけます。今回の要点は「接続詞」です。次に，この接続詞と同じ機能をもったものを探し，置き換えます。先の例で言えば，「信号機」が同じ機能をもっているので，当てはめて説明するという流れです。

　ここで大切なのが，「子どもたちの目線」で使えるかどうかという点です。信号機であれば，身近で子どもも知っているのでよいですが，疎遠なものに置き換えてしまうと，ピンとこないたとえ話になってしまいます。

Point たとえ話のつくり方と注意点に気をつける。

実践しよう！

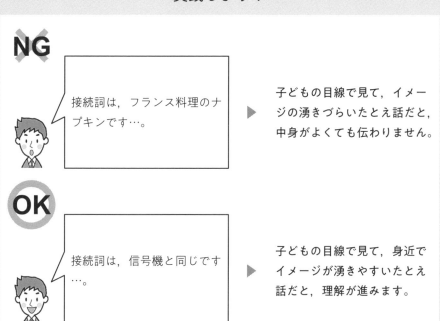

NG

接続詞は，フランス料理のナプキンです…。

▶ 子どもの目線で見て，イメージの湧きづらいたとえ話だと，中身がよくても伝わりません。

OK

接続詞は，信号機と同じです…。

▶ 子どもの目線で見て，身近でイメージが湧きやすいたとえ話だと，理解が進みます。

16 手に動きをつける

話をしている時に，子どもの視線を集めるコツを教えてください。

手に動きをつけると，視線を集めやすくなります。

手に動きをつける

　話をする時には，身振り手振りをつけながら話をした方が，視線を集めやすいと言われています。

　教室で話をする時，身振り手振りは入れていますか？　教壇の前で棒立ちになって説明しているなあという自覚がある場合は，要注意です。人は，適度に動きがあるものに視線を集めます。棒立ちな状態よりも，少し動きがあった方が，見ている側にとっても飽きづらいものです。

　動きといっても，先生が教室を駆け巡っているような状態だと，話の中身よりも体の動きにばかり視線がいってしまいます。また，体がくねくねと動いていたり，ふらふらと揺れ動いたりしているような状態でも，逆に気が散ってしまいます。極端に動いたり，ふらついたりせずに，適度な手の動きをつけることがポイントです。

Point 適度に手の動きをつけながら話をすると，視線を集めることができる。

手の動きをつける場面

自然に手の動きができていて，視線を集められているならば，そのままで

特に問題はないのですが，今まで身振り手振りをする習慣が全くなかった場合，いきなり適度に手の動きを入れるといっても，難しいですよね。

「数字」「接続詞」「状態を表す言葉」この3つの言葉がきた際に，手の動きを入れてみてください。「特に，大事なポイントは2点あります。a の絶対値が大きくなればなるほど，グラフは急になり…」という場面で見てみると，「特に」「2」「大きく」「急に」というところで，状態がイメージできるように手を使ってください。「2」は指で2を表し，「大きく」「急に」も手で大きな丸を描いたり，急な角度を表現したりすると，効果的です。

Point ▶ 「数字」「接続詞」「状態を表す言葉」で手の動きをつける。

実践しよう！

（棒立ちで）特に，大事なポイントは2点あります。a の絶対値が大きくなればなるほど，グラフは急になり…。

▶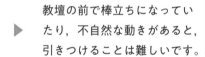

教壇の前で棒立ちになっていたり，不自然な動きがあると，引きつけることは難しいです。

（手を動かして）<u>特に</u>，大事なポイントは<u>2</u>点あります。a の絶対値が<u>大きく</u>なればなるほど，グラフは急になり…。

▶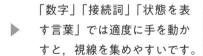

「数字」「接続詞」「状態を表す言葉」では適度に手を動かすと，視線を集めやすいです。

17 感動する話をして求心力を高める

 子どもたちの心を揺さぶる話ができるようになりたいです。

 「感動」には2種類あることを知ることから，話のバリエーションも広まります。

感動する話

　子どもたちの心を揺さぶる話が上手い先生は，「人が感動する時とはどういう時なのか」ということを理解しています。

　子どもたちが夢中になる授業には，「感動」があります。今まで集中力が低かった子が，ある先生のある授業を受けて感動し，その後の授業態度が変わることもあるのです。では，感動とはそもそも何なのかを少し深く考察してみます。

　辞書上の意味では，「ある物事に深い感銘を受けて心動かされること」が感動の定義です。何となく通りすぎるのではなく，心に響き残っていく話ができれば，子どもたちからの求心力も高まりますよね。

Point 感動する話ができると，求心力が高まる。

感動には2種類ある

　感動には2種類あります。「ハートに響く感動」と「頭で気づく感動」です。ハートに響く感動は，子どもたちが教師に対して感情移入をして起こる感動です。これは，子どもと教師の人間関係が大きく影響しています。前提として良い人間関係があり，子どもたちの興味関心を引く話ができると，ハ

ートに響きます。逆に，人間関係が希薄だとそもそも話を受け入れる土壌が弱いので，感動も起こりにくくなります。

　頭で気づく感動は，「予想を裏切る意外性」が該当します。「え！　そうなんだ！」といった意外性を出すことができれば，求心力が高まります。

　ハートに響く感動は，何度も使うと精神的にも疲れるものなので，ここぞという時に使うのが効果的です。頭で気づく感動は，連続して出すことも効果的で，特に人間関係がまだ弱い段階では，この感動を多用していくことも効果的です。

Point 感動には「ハートに響く感動」と「頭で気づく感動」がある。

〈参考文献〉『月刊高校教育2021年4月増刊号　教師の話し方・例話講座　2021年度版』学校例話研究会編，学事出版，2021年

実践しよう！

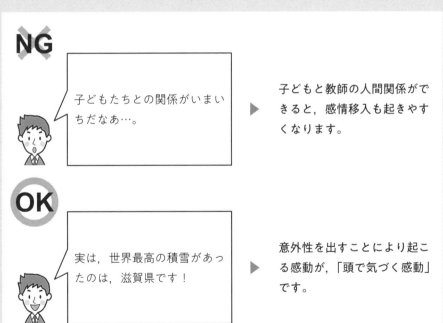

NG
子どもたちとの関係がいまいちだなあ…。
▶ 子どもと教師の人間関係ができると，感情移入も起きやすくなります。

OK
実は，世界最高の積雪があったのは，滋賀県です！
▶ 意外性を出すことにより起こる感動が，「頭で気づく感動」です。

18 姿勢を正して発声する

引きつける話し方をもっと磨きたいのですが，初任で自信があり
ません。どうしたらよいですか。

「姿勢を正して発声する」というところからはじめてみましょう。

正しい姿勢は相手に好印象を与える

　まだ授業に慣れていないと，その不安な心理状況が子どもたちにも伝わっ
てしまうものです。視線が安定しなかったり，体が不自然に動いてしまった
りします。

　もちろん，授業の技量を上げて自信をつけていくことが，その根本的な解
決策となるのですが，若手の先生のうちは，まだまだ自信がもてずに，不安
をいっぱい抱えながら悩んでいる場合も多いです。

　そんな時は，「姿勢を正す」という体の動きから入っていくことも大事な
ポイントです。顔を上げて，しっかりと前を見て，胸を張って授業を行うと，
子どもたちには好印象に映ります。教師が「どのように見えるのか」という
のは，引きつける上での大きなポイントです。体がフワフワしていたり，猫
背で視線が下向きだったりと良くない姿勢では，伝わるものも伝わりません。

Point 　姿勢を正すことは，引きつける授業にもつながっていく。

正しい姿勢とその効果

　では，正しい姿勢のポイントについて確認していきます。
①背筋を伸ばして胸を張る

背筋を真っすぐに伸ばして話をすることが大切です。猫背だと，自信がなさそうに見えたり，暗い印象を与えてしまったりする場合があります。胸を張ると，堂々とした印象を与えます。

②両足にバランスを置く

　両足に等しく体重を乗せて話をすることが大事です。膝が少し曲がっていて片方にだけ比重が乗っている姿勢や，「休め」の姿勢で前に立って話をすると，少しだらしない印象を与えたり，上半身が揺れ，声に張りが出づらくなったりとマイナスな印象になりやすいです。

Point　「背筋を伸ばして胸を張る」「両足にバランスを置く」をポイントにして前に立って話すと，印象が上がる。

実践しよう！

片足にだけ体重が乗ってしまうと，上半身がふらつきやすくなり，印象が下がります。

正しい姿勢をとることにより，自信がある印象を与えることができます。

19 無駄なノイズを消す

 話しはじめる時につい，「え〜」という口癖を言ってしまいます。

 「口癖はなくす」ことを決意して，行動改善していくことが大事です。

口癖の悪について

　私の高校時代の話ですが，ある先生が授業中に，「え〜」「あの〜」「その〜」を5秒に1回くらいの割合で連発していました。毎回の授業では，授業の内容よりも，何回「え〜」「あの〜」「その〜」を言うのかを数えていたことを覚えています。

　口癖が目立つと，大切なことが相手に伝わりづらくなり，良いことはありません。特に大事なことを伝える場面では，よりシンプルにかつ明確に伝えることが大切であり，口癖はその邪魔になります。

　しかし，口癖は自覚していないことも多くあります。自分では口癖など言っている自覚がなくても，実は口癖があるということはよくあることです。私自身も，自覚がなかったのですが，「まあ」という口癖があることを，指摘されて気づいたことがあります。

　口癖があるかどうかを早く発見するには，授業を録音して聞いてみることがおすすめです。始めは自分の声を聞くのに抵抗があるかもしれませんが，回数を重ねていくと，慣れていきます。また，YouTube を発信して自分の言葉を聞き直すのもおすすめです。

Point 授業の録音や YouTube によって口癖の確認をすることが大事。

口癖の改善方法

　自分の口癖がわかったら，改善していくことを強く心に誓って，実践していくことが大事です。

　効果的な方法としては，「口癖を言いそうになったら無音にする」という方法があります。無駄な言葉もなくなるので，聞き手にとっても聞き取りやすく，効果的です。長い間言い続けてきた口癖は，簡単になおすのは難しいですが，強い意思をもってなおしていきましょう。

Point　口癖を言いそうになったら，無音にする。

実践しよう！

え～，教科書55ページを開いてください。では，え～，はじめます…。

▶　無駄な口癖は，伝えたいことが伝わりづらくなります。

（無音）教科書55ページを開いてください。（無音）はじめます…。

▶　口癖を言いそうになったら，無音にすることがおすすめです。無駄な言葉が減り，聞き取りやすくなります。

20 書きながら話し，集中力を上げる

 板書中，子どもたちが眠そうになっていたり，集中力が切れたり
していることがあります。どうしたらよいですか。

 「書きながら話す」という技術を身に付けることがポイントです。

「書く」と「話す」

　板書をしている時に，無言になってしまうことはありませんか。特に教師
になりたての頃には，「字を間違えてはいけない」「丁寧に書かなければいけ
ない」という思いが強く，板書をしている時に，板書の方ばかりに意識がい
ってしまい，子どもたちに意識がいかなくなることがあります。

　もちろん，板書は正しく書くことが大事ですし，書くことへの集中力が低
下して，字が雑になってしまい黒板が見づらくなってしまうのは良くないこ
とです。ただ，「書く」ことと「話す」ことが同時にできると，子どもたち
の集中力を上げる上で効果があります。

Point 「書く」ことと「話す」ことを同時にできると集中力を上げやす
い。

書きながら話すことの効果と方法

　書きながら話すことにより，「空白の時間をなくす」というメリットがあ
ります。先生が板書している空白の時間は，子どもたちの集中力を低下させ，
手遊びをしたり，隣の子と話しはじめたり，授業とは関係のないことをする
時間になりがちです。

また，書きながら話す時には，話のペースに合わせて書くので，子どもたちの意識を同じところにもっていきやすいです。視覚と聴覚が同時に刺激されることも，集中力を上げる上で効果があります。

　「書く」ことと「話す」ことは別の作業なので，慣れないとちぐはぐになってしまいますが，経験を積んでいくことによりできるようになっていきます。放課後に学校の黒板で練習するのもよいですし，自宅にミニホワイトボードを購入して練習するのも効果があります。費用もそこまでかからないので，おすすめです。

Point 書きながら話すには，経験を積むことが大事。

実践しよう！

板書をしている時に無言になってしまい，その間に子どもの集中力が切れます…。

▶ 板書中の無言の間は，集中力を低下させてしまいます。

板書しながら話ができると，無駄な間がなくなります。

▶ 話のペースに合わせて書くと，子どもの意識も同じところにもっていきやすいです。

3章

「指示・発問・言葉かけ」で引きつける技術

1 1回で1つの指示をする

 子どもに指示を出しても，出した指示通りなかなか動いてくれません。どうしたらいいでしょうか。

 1回で1つの指示を出すと，子どもたちも動きやすくなります。

指示の出し方

　子どもたちに指示を出してもなかなか思った通りに動かない時には，一気に複数の指示を出していないかを確認することが大切です。

　「教科書18ページを開いて，問題2を解いて，終わったら先生の机に出して，次のページを読んでいなさい」

　この指示を分解してみると，「教科書18ページを開く」「問題2を解く」「先生の机に出す」「次のページを読む」の4つの指示に分かれます。一気に4つの指示を出すと，最初の指示は覚えていても，後の指示は忘れてしまうことも多いです。最初は動いても，その後やることがわからなくなると，そこで手遊びをしたり，雑談を始めたりと別の行動をする可能性も高まります。

　1回に1つの指示を出すことにより，今やるべきことが明確になるので，子どもたちも動きやすくなるのです。

Point 1回に1種類の指示を出すと，子どもたちは動きやすくなる。

指示の出し方の詳細

　1回に1つの指示を出していく時に，それぞれの指示が全員に行き渡っているか，確認をして進めていくことが大事です。

例えば，「問題２を解く」という指示を出す際，その指示を出しても「問題２の場所がわからない」という子も出るかもしれません。そこでまず，「問題２を指で指しましょう」という指示を出せば，誰がわかっていて誰がわからないのかということも，教室を見渡せばわかります。人数が多くて確認が大変であれば，隣の人とペアで確認する，という方法も使えます。できていない子が数名いる場合は，先生が直接個別に場所を教えてあげれば，短い時間で全体を統率できます。

Point　「指で確認」「ペアで確認」「教師が個別にフォロー」という手法で指示を行き渡らせる。

〈参考文献〉向山洋一『新版　授業の腕を上げる原則』学芸みらい社，2015年

実践しよう！

教科書18ページを開いて，問題２をやって，終わったら先生の机に出して，…。

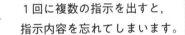

１回に複数の指示を出すと，指示内容を忘れてしまいます。

教科書18ページを開けます。問題２を解きます。終わったら先生の机に出します。

１回に１つの指示を出していけば，今何をやればいいのかが明確になり，行動しやすくなります。

2 言葉の中に数字を入れる

 子どもたちの集中力を上げ，活動が進みやすくなる話し方はありますか。

 数字を使って話をすると効果があります。

数字を使って話す

　数字は，人を引きつけて集中力を上げたり，思考を深めたりする役割があります。なぜならば，漠然と話を進めるよりも，より話のイメージが明確になるからです。

　「今から大事な話をします」と話を始めるより，「今から大事な話を３つします」と伝えた方が，話を聞こうという集中力が高まります。なぜなら，３つという数字を提示することにより，話の外枠がはっきりとするからです。３つ大事なポイントがあるとわかると，ではその３つは何かというように，思考も明確になります。

　「筆者の考えがわかるところに線を引きましょう」は，「筆者の考えがわかるところに２つ線を引きましょう」，「この中には間違いがあります。さあ，どれでしょう」は，「この中には間違いが２つあります。さあ，どれでしょう」と数字を使ってみてください。数字を使わないと，考える基準が不明確です。なかなか動き出さない子も，数字を使うことにより，ゴールが明確になるので動きやすくなります。

Point 数字を使うと，ゴールが明確になり集中できる。

76

数字を使った話の使い分けのポイント

　数字を使った発問は，状況によって使い分けていくと効果的です。数字を使うことによって，行動がしやすくなっていきますが，あえて数字を使わない方がよい場面もあります。

　例えば，考えを深めたい場面や，たくさんの意見を出していきたい時には，数字を使わないで考えさせるということも大切です。その日の授業のねらいを明確にして，どう使い分けていくかを考えていきましょう。

Point 　考えを深めたい場面や，たくさん意見を出したい場面では，あえて数字を使わない。

実践しよう！

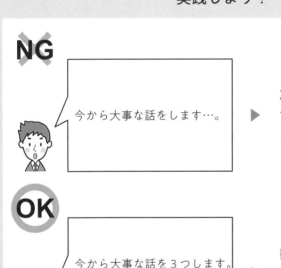

NG

今から大事な話をします…。

▶ 次から次へと，色々な話をしていくと，ポイントが見えづらくなってしまいます。

OK

今から大事な話を３つします。１つ目は…。

▶ 数字を使って話をすると，集中して話を聞くことができます。

3 　できていることを伝え，認める

 ついつい子どもたちの欠点が目について，欠点の指摘をしてしまいます。

 できていない部分にばかり目を向けるのではなく，できている部分に目を向けることが大切です。

できている部分に目を向ける

　特に問題行動が多い子や，勉強が苦手な子には，できていない点が目についてしまい，できていないことに注目した言葉がけをしてしまいがちです。

　例えば，テスト結果が30点だった子に対して，「何で30点しかとれていないの？」というようなことを言いたくなるかもしれません。大人は「もっとできて当然」というような高い理想を子どもにもちたくなることが多いです。しかし，子どもの立場からすると，できていないことばかり言われても，やる気が低下していきます。

　できている部分に目を向け，言葉をかけていくことを行っていけば，子どもたちは先生のことが好きになっていきます。好きな先生の話は聞こうと思うし，授業も前向きに受けようと思うものです。

Point 子どものできている部分に目を向けて，声をかける。

「できていない」ことの裏側にある「できていること」

　できていないことの裏側には，できていることがあります。「なぜ30点しかとれていないんだ」という裏側には「30点はとれている」という事実があるのです。もし，前回のテストが20点で今回30点とったとするならば，前回

よりも10点アップしています。前進しているのであれば，たとえ30点という点数でも，「30点はとれた」という点に注目すべきです。世間一般の基準値で子どもを見るのではなく，その子の成長で見てあげて声をかけていくことが，子どものやる気につながっていきます。

　このように，できている部分をフォーカスして伝えていけば，やる気も上がるので勉強にも前向きになっていきます。今30点だとしても，一歩ずつ不足しているところを補い，学習量を増やしていけば，数か月先には80点，90点と上がっていく可能性も十分にあります。

Point できていないことの裏側には，できていることがある。

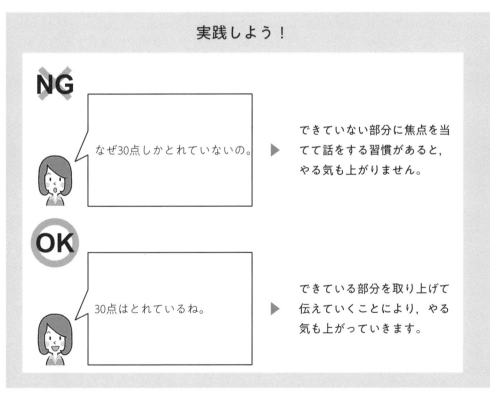

実践しよう！

NG
「なぜ30点しかとれていないの。」
▶ できていない部分に焦点を当てて話をする習慣があると，やる気も上がりません。

OK
「30点はとれているね。」
▶ できている部分を取り上げて伝えていくことにより，やる気も上がっていきます。

4　発問と指示はセットで行う

 授業中，発問をしても子どもたちが動きません。どうしたらよいでしょうか。

 発問と指示をセットで行っていくと，具体的な動きのイメージが湧いて，子どもが行動するようになります。

発問と指示をセットで行う

　「この文章の中で大切なポイントは何でしょうか」とう発問をしたけれど，子どもたちはポカンとしていて動き出さない。そんな場面に遭遇することがあります。

　「この文章の中で大切なポイントは何でしょうか。線を引きましょう」という発問であれば，子どもたちは「線を引くのか」と具体的に行う行動をイメージすることができます。

　発問しても子どもが動かないという悩みは，特に若手の先生には多くありますが，その原因をつかむことが大事です。具体的なやるべき行動がイメージできないと，子どもはなかなか行動に移せません。

　もし，発問しても子どもがなかなか動かない，集中力が低下してボーっとしている，という状況であれば，発問＋指示という形になっているかどうか，確認してみてください。

Point 　発問と指示はセットで行う。

主体的な行動を促す手順

　毎回指示をしないと動けないのは，主体的な行動を促す上でもマイナスな

のではないか，という考えもあります。

　理想的には，教師の発問だけで動けるようになることです。しかし，はじめからそのような動きになるかというと難しいのです。発問と指示をセットで出すことで行動に慣れていくと，だんだんと発問だけで動けるように変わっていきます。

　子どもの成長は，中長期的な目線で考えていくことも大切です。教師の理想として，指示待ちにならずに自ら動く子どもを育てていくことは大切なことですが，段階を経て成長を導いていきましょう。

Point 発問＋指示を繰り返していくことから，主体的に行動できるようになっていく。

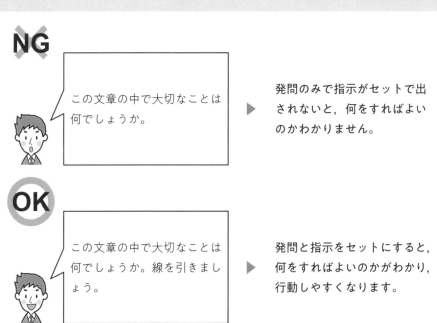

5 オープンクエスチョンとクローズドクエスチョンを使い分ける

 発問を上手く使うことができなくて，悩んでいます。

 まずは，発問には２つの種類があることから押さえていきましょう。

発問の種類

発問には２つの種類があります。「オープンクエスチョン」と「クローズドクエスチョン」です。

オープンクエスチョンは，答えの限定されない発問です。「なぜ太郎は走りだしたのでしょうか」「明治時代の特徴についてどう考えますか」といった，ぱっと答えるのが難しい質問です。

クローズドクエスチョンは，答えの限定されている発問です。「はい」か「いいえ」で答えられたり，「AかBか」で選択してもらったり，あるいは答えが明確に一つしかなかったりする質問です。

発問を上手く使っていくためには，まずは発問の種類について把握して，場面に応じて効果的に使えるようになることです。

Point 発問には，オープンクエスチョンとクローズドクエスチョンがある。

発問の使い分け

オープンクエスチョンとクローズドクエスチョンは，場面や授業のねらいによって使い分けていきます。

答えの決まっているクローズドクエスチョンは，前の授業での内容のチェックをしたり，授業のリズムをつくったりする上で有効です。授業の冒頭で一問一答形式で何回か発問していくのも，リズムをつくる上では効果があります。
　オープンクエスチョンは，思考を深めるための発問です。子どもたちから多くの意見を引き出し，思考を深めたい時には，教材研究を通して，いろいろな解答が可能であり，子どもの考えが割れるところを探し，発問にしていくことがポイントです。

> **Point**　オープンクエスチョンは，思考を深める発問。クローズドクエスチョンは，知識を確認したり授業のリズムをつくったりするための発問。

実践しよう！

NG

発問しても，子どもが答えて終わってしまい，話し合いが深まりません。

▶ クローズドクエスチョンとオープンクエスチョンの違いと目的を理解することがポイントです。

OK

教材研究から，子どもの考えが割れるところを見つけて，発問にしました。

▶ 多くの意見を出し，思考を深めたい時には，考えの割れるところを発問にする必要があります。

6 オープンクエスチョンとクローズドクエスチョンを合わせて使う

 発問から思考を深めていき，引きつけた授業を展開したいのですが，子どもたちの考えが深まりません。

 オープンクエスチョンとクローズドクエスチョンの掛け合わせという使い方が効果的です。

発問しても考えが深まらない時

発問しても，子どもたちが考えを深めていこうとしないで，集中力が切れてしまうことがあります。

特に，「太郎はなぜ走ったのでしょうか」というようなオープンクエスチョンだと，考える切り口が見つからずに思考が止まってしまい，そこから手遊びやノートへの落書きが始まったり，授業の本題とは別の方向に進んでしまったりすると困りますよね。

しかし，考えやすいような発問となると，「水の量は増えましたか。減りましたか」というようなクローズドクエスチョンになってしまい，あまり考えが深まらないという懸念も出てしまいます。

そこでおすすめなのが，「オープンクエスチョンとクローズドクエスチョンを合わせて使う」という方法です。

> 「ボーリングの玉は水に浮かびますか。沈みますか。どちらかを選んでその理由をノートに書きましょう」

この発問は，クローズドから入ってオープンにつなげた発問です。はじめはクローズドな発問なので考えやすく，選んだ理由をノートに書いてもらう

ことで，思考が深まります。

　また，ノートに理由を書いてもらうということで，一部の子だけでなく，全員に思考を深めるきっかけを与えることになります。考える時間を与えないと，一部のできる子だけで授業が進んでしまいます。まずは全員に理由をノートに書いてもらい，その後に指名や挙手を通して発言してもらうという流れがおすすめです。

Point ▷ オープンクエスチョンとクローズドクエスチョンを合わせて使うことにより，答えやすくかつ思考が深まる。

〈参考文献〉野口芳宏『名著復刻　授業で鍛える』明治図書，2015年

実践しよう！

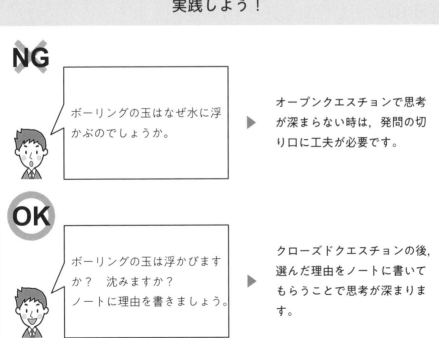

NG
ボーリングの玉はなぜ水に浮かぶのでしょうか。
▶ オープンクエスチョンで思考が深まらない時は，発問の切り口に工夫が必要です。

OK
ボーリングの玉は浮かびますか？　沈みますか？
ノートに理由を書きましょう。
▶ クローズドクエスチョンの後，選んだ理由をノートに書いてもらうことで思考が深まります。

7 明確な発問・指示にする

発問・指示がよくないのか，子どもがなかなか考えようとしません。改善のコツはありますか。

子どもにとって明確な発問・指示かどうか，言葉を見直してみることが大事です。

発問・指示をしても子どもが考えようとしない

　発問しても子どもの反応がいまいちで，ぽかんとした表情をしている場合，その発問が子どもにとって理解できないものであった可能性が高いです。

　例えば，国語の授業で「中心となる言葉はどれでしょうか」という発問をした時，国語の苦手な子の反応がいまいちであれば，この発問がわかりづらかったということです。

> 「繰り返し出てくる言葉は何でしょうか。○で囲みましょう」

という発問・指示の出し方であれば，苦手な子でもやるべきことがイメージできるようになります。

　発問は，発達段階や子どもの学力にも合わせて，より明確な言葉にしていくことが大切です。

Point 発問・指示は，より明確な言葉を使うようにすることが大事。

発問・指示する言葉をノートに書き出してみる

　発問・指示を出しても子どもの反応がよくないという場合には，授業で使

う発問・指示を全てノートに書き出してみることがおすすめです。

　何を考えてもらおうか，ということを事前に準備をしてきても，実際に発する言葉が相手に伝わらなければ，授業もスムーズには進みません。事前に書き出すというのは時間もかかりますが，書き出すことによって，使用する言葉が洗練されていきます。

　教師の見えている世界と，子どもの見えている世界には当然差があります。その差を埋めていくためには，教師が子どもの見えている世界を想像しながら言葉をつくっていくことが大切です。言葉を考え，客観的に見直して磨き上げていくことは，教師の力量を上げる上で大きく役立ちます。

Point 発問・指示する言葉をノートに書き出してみる。

実践しよう！

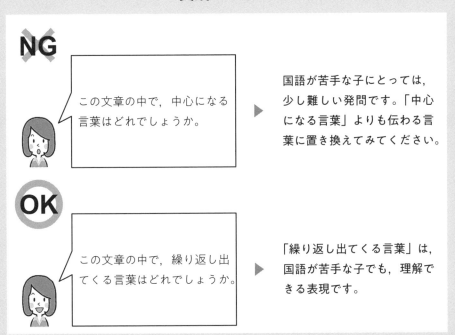

NG

この文章の中で，中心になる言葉はどれでしょうか。

▶ 国語が苦手な子にとっては，少し難しい発問です。「中心になる言葉」よりも伝わる言葉に置き換えてみてください。

OK

この文章の中で，繰り返し出てくる言葉はどれでしょうか。

▶ 「繰り返し出てくる言葉」は，国語が苦手な子でも，理解できる表現です。

8 応用問題は段階を踏んで指示を出す

応用問題になると，子どもたちの集中力が下がってしまいます。
どうしたらよいでしょうか。

応用問題は段階を踏んで指示を出していくと，集中力が上がります。

応用問題が嫌いな子たちの心理

応用問題が嫌いな子たちは，どのような心理状態にあるでしょうか。例えば，算数や数学であれば，計算問題ならばそこまで嫌ではなく取り組めるのに，応用問題になると途端に思考が停止してしまい，拒否反応が出てしまう子がいます。

なぜ応用問題が嫌いになるのか。それは，思考するべきことが複数の段階に分かれており，思考を巡らす時間が長くなるからです。文章題でしたら，「文章を読む⇒内容理解⇒式を立てる⇒計算する」と答えが出るまでの行程に段階があります。先が見えづらくなると，思考が後ろ向きになるのです。

Point 思考することが複数あり，先が見えづらくなると，思考も後ろ向きになる。

段階を踏んで指示を出す

思考することに対して後ろ向きな状態であるならば，教師が前向きになるように仕向けてあげれば，動きやすくなります。

この仕向けてあげるという方法が「ヒントを出す」ということです。問題を提示しても，そこから考えが進まずに，集中力が切れてしまうのであれば，

88

考える糸口を与えることにより前向きになります。

　文章題であれば，

　①まずは30秒間ノーヒントで考えさせる

　②図を黒板に書きヒントを与える

というような２段構えで進めてみるのもよいです。解答にたどり着くまで丸投げよりも，２段構えの方が，先が見えている分，集中力を切らさずに進めることができます。

　ヒントを与えると思考が育たない，という意見もありますが，苦手な子にとっては，考える糸口が見えないと，ますます嫌いになり考えなくなります。

Point ヒントを与えることで，集中力を上げることができる。

実践しよう！

思考力をつけるために，応用問題でとにかく考えてもらおう！

▶

苦手な子にとって，応用問題は思考の切り口が見えないために，糸口が必要です。

応用問題は，段階を踏んで指示を出し，集中力を上げていこう！

▶

「まずは30秒ノーヒントで考える」「ヒントを出し考える」というように，段階での指示が効果的です。

9 　指示内容を黒板に書く

指示を出しても指示内容を忘れてしまい，活動が円滑に進みません。

指示を忘れないように，黒板に書いておくことも大切です。

見通しを立てることの重要性

　人は，ゴールが見えると行動します。逆にゴールが見えないと行動しづらくなります。

　指示を出したけども，子どもたちがなかなか行動しない。そのような場面に遭遇した時に，「なぜ行動しないのか」ということを考える必要があります。行動しないのには理由があり，その理由を把握しようとしないで叱責しても意味がありません。

　行動しない理由の一つに「指示内容を忘れてしまい，先がわからない」ということがあります。一度に複数の指示をしてしまうと，後半の指示内容については抜け落ちてしまい，行動できなくなってしまうということはよく起こることです。

　忘れてしまい行動できないのであれば，忘れないようにする工夫をしていけば，改善が可能です。

Point 　見通しを立てるために，指示内容を忘れないように工夫する。

黒板に書き視覚に訴える

　見通しを立てるには，黒板に指示内容を書き，視覚に訴えかけることも効

果的です。

　特に，発達障害等の支援を要する子たちの中には，聴覚情報だけでは抜け落ちてしまって行動できない子たちもいます。

　音声情報と合わせて，視覚情報をともなうことにより，何をやればいいのかが明確になります。指示を出して活動させる場合は，指示内容にナンバリングをして，一番目にやること，二番目やること，と活動順番がわかるような指示にしていくことが大切です。

Point 黒板に指示内容を書き，視覚情報も活用して行動につなげていく。

実践しよう！

> ノートに書いて，終わったら先生のところに持ってきて，教科書の次のページを読んでいなさい…。

▶ 指示内容が複数ある場合，聴覚情報だけでは，活動内容を忘れてしまう子も出てきます。

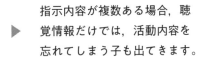

> 今からやることは，黒板にも書きます。…

▶ 指示内容が複数になる場合は，黒板にも書き出して，視覚情報にも訴えると，活動がしやすくなります。

10 「発問→指名」で全員引きつける

発問した時に，子どもたちを集中させる方法はありますか。

「発問→指名」の順番で進めると，集中力が向上します。

発問時の流れ

　発問をする時，子どもたちはどんな反応をするでしょうか。自信のある子は別ですが，答えに自信がなかったら，あまり指名されたいとは思わないでしょう。指名されたくない子は，意図的に視線を逸らすなどして，「わからない」ということをアピールしますよね。

　やはり，わからない時には答えたくないものですし，集中力が低い子は，先生が発問をしても，あまり考えようとしないことが多いです。

　発問と指名の順番を考慮すると，子どもたちの集中力も上がります。

　「山田さん，江戸幕府はなぜ滅亡したのですか」と伝えるよりも，「江戸幕府はなぜ滅亡したのですか，山田さん」と伝えた方が，指名された子以外も考えようとします。何故ならば，指名が後に来てしまうと，指名された子以外は安心してしまい，あまり考えようとしない傾向になってしまうからです。

Point 発問→指名の順で，一人ひとりに考えさせる。

考える間

　発問→指名の順番は，考える間を全員に公平につくることができます。考える間がないと，なかなか意見が出ずに，指名した後も沈黙が流れてしまう

ことも起こります。

　発問をした後に間を取って指名をすることは、「自分が当てられるかもしれない」という適度な緊張感と合わせて、思考する時間も与えることができます。

　適度な緊張感から集中力を生み出している時に思考を巡らすことは、だらだらとした雰囲気で考えるよりも、身に付くものです。発問と指名の間は、わずかな時間ですが、大事にしていきたいです。

Point 発問と指名の間は、集中して思考する時間となる。

実践しよう！

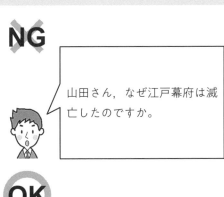

NG

山田さん、なぜ江戸幕府は滅亡したのですか。

▶ 指名→発問の順だと、指名された子以外は考えようとしなくなり、集中力が下がる。

OK

江戸幕府はなぜ滅亡したのですか。山田さん。

▶ 発問→指名の順番だと、全員が当てられる可能性があるので、皆答えを考えようとして集中力が上がる。

11 身近な視点から発問をする

授業に巻き込んでいけるような発問をしたいのですが，どうすればよいですか。

身近な視点から考えてみようと思う発問だと，巻き込んでいきやすいです。

身近な視点で考えられる

　子どもたちを授業に巻き込んでいきたい時，子どもたちにとって身近なものを意識した発問だと，巻き込みやすいです。逆に，疎遠なものだと心理的にも気持ちが遠のいてしまうこともあります。

　例えば，「冬の果物といえば何がありますか」という発問よりも，「最近食べた果物は何ですか」という発問から入り，複数名前が挙がったら，「この中で冬の果物は何でしょう」というようにつなげていった方が，考えを巡らせやすいです。

Point 身近な視点で考えられる発問は，巻き込みやすい。

身近な視点と答えやすい視点

　今までに自分が経験していたり，興味をもっていたりすることは，身近な視点ということになります。

　クラスの子どもたちが，普段どのような生活をしていて，何に興味をもっているのか，ということを意識しながら日々生活を送っていくと，巻き込んでいくための素材も発見しやすくなります。

　今までに経験してきたことを使うという視点で見れば，直近の授業で取り

扱った内容を思い浮かべるような発問も答えやすいです。

　例えば「鎌倉時代を開いたのは誰ですか」という発問は，答えが限定されている発問です。思考を深めるという点では効果が薄いですが，導入時にこのような直近の授業で習った内容を確認する発問をいくつか出していくことは，授業にリズムをつくりますし，巻き込んでいく上でも効果があります。

　答えやすく，誰もが参加しやすい発問は，子どもを授業に引きつけていく上でも役立つのです。

Point 授業の冒頭では，答えが限定された答えやすい発問を活用する。

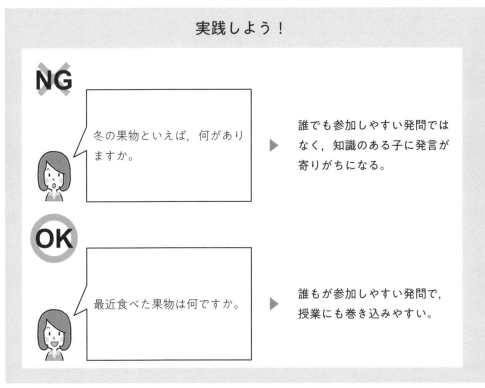

12 3つの承認で使い分ける

 子どもたちを承認していくには，どのような言葉をかけたらよい
ですか。

 承認の言葉かけには，どのようなものがあるのか知ることが大切
です。

承認の効果

　子どもたちを引きつける授業を展開していく上では，子どもたちとの信頼
関係が大切です。教師と子どもの間に信頼関係があれば，子どもたちはその
先生の授業には真面目に臨もうという気持ちになります。逆に信頼関係がな
く，授業もつまらなければ真剣に授業を受けようという気持ちにはなりませ
ん。

　では，信頼関係をつくる上で大切なことは何か。それは子どもたちを承認
するということです。承認されると人は嬉しい気持ちになります。もっと頑
張って，また先生に承認してもらいたいなという気持ちになり，前向きにな
っていくのです。

Point 子どもを承認することで，信頼関係をつくることができる。

承認の種類

　承認には大きく分けて3つの種類があります。「結果承認」「行動承認」
「存在承認」です。

　結果承認は，「今回のテストは100点とれたね。素晴らしい」というように
結果に対して承認することです。

行動承認は，「今回テストで100点とれたのは，２週間前からコツコツと勉強したからだね」と行動に対して承認していくことです。

　存在承認は，「その子の存在自体を承認する」ということです。例えば挨拶をする時に，名前をつけて呼ぶことは存在承認にあたります。「最近筆箱変わったね」というようなその子特有のことに気づいてあげる言葉や，「暑い中来てくれて先生は本当に嬉しいよ」というようなねぎらいの言葉も存在承認です。

　承認の種類を把握して，場面や状況に応じて使えるようになっていくと，多くの子どもたちから好かれる先生になっていきます。

Point 「結果承認」「行動承認」「存在承認」の違いを理解する。

実践しよう！

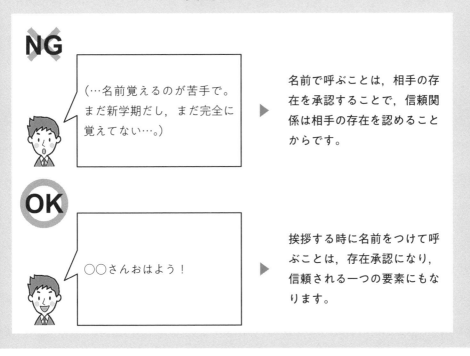

NG

（…名前覚えるのが苦手で。まだ新学期だし，まだ完全に覚えてない…。）

▶ 名前で呼ぶことは，相手の存在を承認することで，信頼関係は相手の存在を認めることからです。

OK

○○さんおはよう！

▶ 挨拶する時に名前をつけて呼ぶことは，存在承認になり，信頼される一つの要素にもなります。

13 注意する言葉に気をつける

「お喋りをやめなさい！」と注意しても，勉強への集中力が上がりません。

お喋りをやめた後，具体的に何をするかの指示を出すことが大事です。

否定語の注意

　子どもたちがなかなか静かにならずに，「お喋りをやめなさい！」と注意する場面です。もし，毎回このような注意の仕方ばかりの時，一旦指示の出し方を考えてみることが大切です。

　「お喋りをやめなさい！」という否定語を使った伝え方では，「～しない」ということにばかり目が向いてしまいます。お喋りをやめて静かにはなったとしても，授業には集中せずにボーっとしていたり，手遊びを始めてしまったりする，ということが度々起こります。授業に集中するということにつながらなければ，指示の出し方を改善しなければなりません。

　そもそも，注意をする目的は「授業に集中する」ということです。「お喋りをやめる」ということがゴールではないのです。授業に集中するためには，お喋りをやめた後に「先生の話を聞きましょう」と具体的にやるべき行動を指示することが大切です。

　「お喋りをしない」という否定語を使った時，脳は「お喋り」をまずイメージします。本来やるべきことがイメージできるようになるには，否定語だけではなく，「話を聞く」という肯定的な言葉を使うことが大切です。

Point 注意する目的を意識し，本来やるべきことを指示する。

行動を促す質問をする

　禁止を促すだけではなく，本来やるべきことに移ってもらうには，質問をして行動を促していくということも効果があります。

　例えば，「Aさん，今お喋りしていますが，今は何をする時間ですか？」と質問します。このように本来やるべきことを子どもに考えさせると「勉強する時間です」と答えますので，そこで，「よし，じゃあ先生の話を聞いて授業に集中しよう」と伝えると，授業に集中するようになります。

Point 禁止を促すだけでなく，やるべきことを考えさせる。

実践しよう！

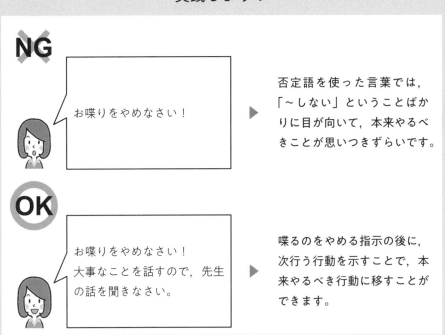

NG

お喋りをやめなさい！

▶ 否定語を使った言葉では，「〜しない」ということばかりに目が向いて，本来やるべきことが思いつきずらいです。

OK

お喋りをやめなさい！
大事なことを話すので，先生の話を聞きなさい。

▶ 喋るのをやめる指示の後に，次行う行動を示すことで，本来やるべき行動に移すことができます。

14 相手に合った承認方法，タイミングを選ぶ

子どもたちを承認しているのですが，あまり嬉しそうではありません。

相手に合った承認の言葉や，声をかけるタイミングも考慮していくことが大切です。

承認の種類とタイミング

　子どもたちを引きつけていくには承認が大切であることは「12　承認の言葉で引きつける①」でお伝えしました。承認には，「結果承認」「行動承認」「存在承認」の３つがあります。これらを活用しながら承認していくことにより，子どもたちと信頼関係を築いていくことができます。

　承認は，授業中，授業外，どちらでも行うことができます。授業中であれば，子どもが発言した直後や，机間巡視中，テスト返却時等で声をかけるタイミングがあります。授業外でも，廊下ですれ違った時や休み時間等，声をかけるタイミングがあるので，これらの時間を活用して声をかけていくのです。

Point 承認の種類を把握し，授業中や授業外で声をかけていく。

承認が響かないケースとその対策

　子どもたちに承認の声をかけているのに，なかなか響かない。そんな悩みの相談を受けることがあります。

　なぜ，そのような状況になるのか。具体的に状況を聞いていくと，いくつか課題点が見えてきます。結果承認と行動承認は，どちらで伝えても効果が

ある人と，いずれか片方は効果が低い人とに分かれます。「結果よりも行動を見て欲しい人」に結果承認で伝えても反応がよくなく，逆もしかりです。もし反応がよくない時は，別の承認方法でも試してみて反応を見てみるとよいです。

　また，承認はタイミングも大事になります。例えば，机間巡視中に前回よりも演習の正答率が上がっていることに気づいたのであれば，その場で声をかけるのがよいです。数日後に，「この前の授業の時…」と話を切り出しても，忘れている可能性もありますし，タイムリーな方が印象に残ります。

Point　相手に合った承認方法と，伝えるタイミングを大切にする。

実践しよう！

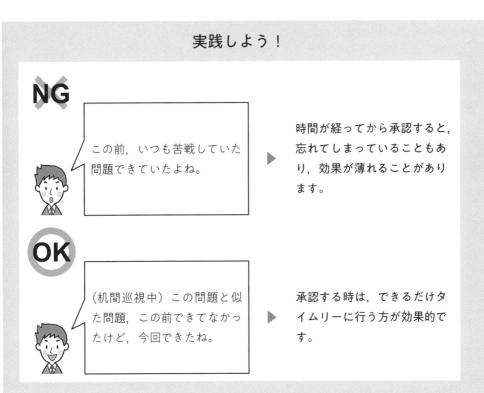

NG

この前，いつも苦戦していた問題できていたよね。

▶ 時間が経ってから承認すると，忘れてしまっていることもあり，効果が薄れることがあります。

OK

（机間巡視中）この問題と似た問題，この前できてなかったけど，今回できたね。

▶ 承認する時は，できるだけタイムリーに行う方が効果的です。

15 失敗談を伝えて親近感をもってもらう

子どもたちに親近感をもってもらう上で，よい話のネタはありますか。

失敗談は，親近感をもってもらうにはよい話のネタになります。

失敗談を伝える

成功談や自慢話より，失敗談の方が親近感が湧くものです。子どもたちが苦手なことや，失敗してしまった場面で，どのような声をかけていくかでその子たちのやる気も変わっていきます。

「この問題は，実は先生も子どもの時は苦手でした」こんな言葉をかけると，子どもたちは先生を身近に感じます。なぜなら，今この問題に苦戦している自分と，年も立場も離れた先生に共通点が見えるからです。

教師としての威厳を見せることも必要ですが，その対極にある弱みを見せることで，ギャップが生まれ人間的な魅力を感じていくようになります。いつも弱みを見せてばかりいては，威厳がなくなり逆効果ですが，ふとした瞬間に自分の弱さをさらけ出してみるのも，人間関係をつくっていく上では効果的です。

Point 失敗談を伝えると，親近感が湧く。

失敗談を伝える上でのポイント

失敗談を伝えていく上では，失敗談のストックをしておくことも必要です。勉強以外でも，何か子どもたちとの共通点をもてるものがないか考えてみる

ことも役立ちます。また，自分だけでなく，他者の失敗体験を使うこともできます。「君たちの先輩も，間違えてきたんだ」「あの発明家のエジソンも，何度も失敗しています」等，探していくと色々と見つかります。

　失敗をしたけど，その先に逆転して成功したという話ができると，更に引きつけることが可能です。「先生もみんなと同じ年の頃は，この問題が苦手でした。しかし毎日勉強して1年後には得意になったんだ」というように，マイナスからプラスに転じた話は，勇気を与え行動するきっかけにもなるものです。

Point マイナスからプラスに転じた話で，更に引きつける。

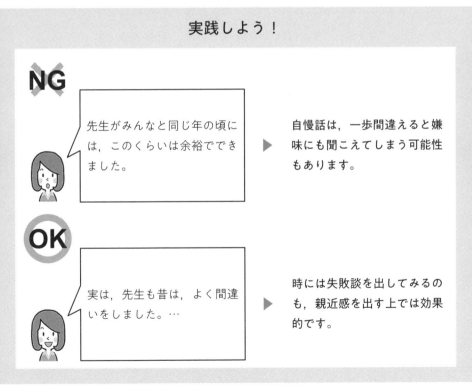

実践しよう！

NG

先生がみんなと同じ年の頃には，このくらいは余裕でできました。

▶ 自慢話は，一歩間違えると嫌味にも聞こえてしまう可能性もあります。

OK

実は，先生も昔は，よく間違いをしました。…

▶ 時には失敗談を出してみるのも，親近感を出す上では効果的です。

16 「怒る」と「叱る」をわきまえる

子どもを叱っても，あまりその効果を感じません。

「怒る」と「叱る」をわきまえているか振り返ってみましょう。

「怒る」と「叱る」の違い

「叱ってもなかなか響かない」「叱っても今後の行動が改善されない」この
ような状況であれば，まずは何を意識していくことが大事でしょうか。

叱っても子どもたちの心に響いていない時，その言葉のベクトルはどこに
向いているのか振り返ってみることをおすすめします。

子どもが何か問題行動を起こし，叱責した時，苛立つ気持ちが優先してし
まい感情をぶつけるだけになってしまっていては，なかなか心には響きませ
ん。教師が自分の感情を解消するために声を張り上げているからです。
ベクトルが相手に向かっており，本当にその子のために伝えることが「叱
る」ということです。自分の感情を解消するのではなく，相手の成長を願う
ことが根底になければ，それは「怒り」にすぎません。

Point ベクトルが相手に向かっているか，自分に向かっているか振り
返る。

叱る時に気をつけること

叱り方が上手だと，教室の中でも求心力を高めることができます。では，
叱るポイントは何かというと，「信頼関係が前提である」「頭ごなしに叱らな

い」「相手の目を見る」「他人と比較しない」「手短に叱る」という５点です。

　最も大切な点は「信頼関係が前提である」ということです。信頼関係のない状態で叱っても，心に響くかというと難しいのです。

　次に，「手短に叱る」という点が大切で，上手くいかない先生は話が長くなってしまい，本題とはずれたことにも話題を広げてしまうことがあります。「あなたは前も○○だったよね。毎回毎回…」というような，今回の事案に焦点を絞らない話し方は，子どもの心を遠ざけてしまいます。

　土台である子どもたちとの信頼関係を築きながら，ポイントに注意して叱れるようになっていくと，先生への求心力も上がっていきます。

Point ▶ 叱る上で大事な５つのポイントをわきまえる。

実践しよう！

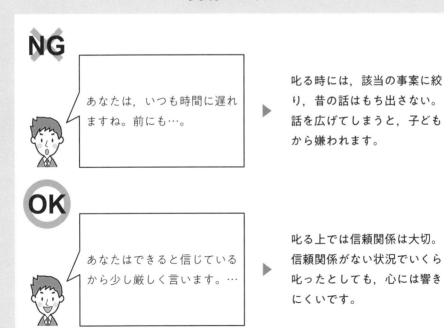

NG

あなたは，いつも時間に遅れますね。前にも…。

▶ 叱る時には，該当の事案に絞り，昔の話はもち出さない。話を広げてしまうと，子どもから嫌われます。

OK

あなたはできると信じているから少し厳しく言います。…

▶ 叱る上では信頼関係は大切。信頼関係がない状況でいくら叱ったとしても，心には響きにくいです。

17 できている子を褒めて，できない子を動かす

 毎回宿題をやってこない子を叱責していますが，改善されません。

 ちゃんと宿題をやってきた子を褒めることで，できない子の行動に影響を与えることができます。

叱責の効果と課題点

　子どもたちの行動を改善しようとして，叱責をしているのだけれど，なかなか改善がされない。そのような悩みを抱えている先生はたくさんいます。叱責は，された方にとっては一時的には身が引き締まる思いがするかもしれませんが，繰り返し叱責され続けていくとだんだん慣れてきてしまいます。

　状況によっては叱責することが必要な場面もありますが，叱責以外でも子どもたちを動かしていく技術を身に付けることが大切です。

Point 叱責以外でも子どもたちを動かしていく技術を身に付けることが大切。

できている子を褒めることから動かす

　宿題をやってこない子に，何度注意しても叱責してもやってこない。この繰り返しになってしまうと，なかなか改善されません。

　そんな時は，できていない子を叱責するよりも，できている子をみんなの前で褒めてあげた方が良い影響を及ぼします。

　「今週毎日宿題を出した人を発表します。…以上の人たちが，毎日しっかり宿題を出してくれました。拍手！」このように，できている子たちを皆の

前で褒めることで，できていない子たちも，「宿題やってくれば自分も褒めてもらえるかな」と思うものです。

　ストレートに問題行動ばかりを指摘するのではなく，角度をつけた伝え方をすることによって，子どもたちを引きつけることができます。「最近叱ってばかりで，なんか上手くいかない」そんな悩みが頭をよぎったら，できているところに目を向けて，そこを褒めるということを意図的にやってみることをおすすめします。現状の課題を解決する糸口が見えてくるはずです。

Point　できる子を褒めることで，できない子に良い影響を与える。

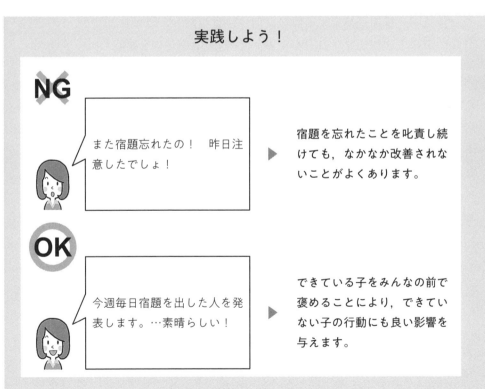

実践しよう！

NG

また宿題忘れたの！　昨日注意したでしょ！

▶ 宿題を忘れたことを叱責し続けても，なかなか改善されないことがよくあります。

OK

今週毎日宿題を出した人を発表します。…素晴らしい！

▶ できている子をみんなの前で褒めることにより，できていない子の行動にも良い影響を与えます。

18 机間巡視でやる気の上がる言葉をかける

 机間巡視の際に，かけると効果的な言葉はあるでしょうか。

 承認の言葉をかけると，やる気が上がります。

机間巡視での対応

　授業中，机間巡視をする際に，何に注意したらよいでしょうか。「特に課題のある子の個別フォローをする」「問題の出来具合を確認して，次指名する子を考える」等，状況によって目的があるかと思います。

　では，子どもを引きつける授業を展開していくということを考える上で，机間巡視中に行うとよいことはないでしょうか。机間巡視中に承認の言葉をかけていくと，やる気が上がります。

　「お，できてるね！　さすが」「昨日より丁寧に書けるようになったね」このようなプラスの言葉を子どもたちに直接かけていけば，喜びます。

　いかに授業に前向きにさせるかは，先生の言葉も大きく左右するのです。

Point▶ 承認の言葉をかけていくと，やる気が上がる。

言葉かけのポイント

　言葉かけをする上でのポイントは，「変化を見つける」ということです。なんとなく，プラスの言葉をかけるよりも，その子の変化を見つけて声かけをしていくと，効果的です。

　「昨日より丁寧に書けるようになったね」という言葉ですが，昨日を見て

いるから今日の変化がわかるわけです。授業の中で，子どもたちがどのような変化を起こしていったのかということに目を向けて，言葉かけを行っていけば，子どもたちも「先生は自分のことをよく見てくれている」と思うようになります。自分のことに気をかけてくれて，良い変化をしっかりとわかってくれる人には好感をもつものです。

　先生に好感をもつことから，子どもたちも授業に集中していくようになっていきます。

Point 授業中での子どもの良い変化を見つけて，伝えていく。

実践しよう！

机間巡視では，主に出来具合を見ていて，特に声かけはしていません。

▶ 声かけをしていくことで，子どもたちのやる気を引き出すこともできます。

文章題は苦戦してたけど，今日はしっかりできたね！　素晴らしい！

▶ 「文章題は苦戦していた」という今までの状況と比較して，良いところを伝えています。

19 「できそう！」と思えるゴールを見せる

 授業のはじめに，めあてを立てましたが，なかなか引きつける授業にはつながりません。

 「できそう」と思えるめあてを立てると，子どもたちは前向きになります。

難しい内容の時の心理状況

　難しい内容を扱う時，多くの子どもたちの心理状況はどのようになっているでしょうか。難しくて，説明を聞いてもすぐには理解できない，問題が解けないから詰まってしまい先に進まない，という状況が続いていくと，当然集中力も下がってしまいます。授業とは関係のない手遊びを始めたり，隣の子と関係ない話をしだしたりするのは，その子が理解できない内容を扱っている時が多いのです。

　山登りをしている時を思い浮かべてみてください。登りはじめて1時間くらい経つと，だんだん息も切れてきて，足腰も疲れてきますよね。そんな時に山頂を見ても雲がかかっていたら，まだゴールが見えません。「まだ山頂は遠いなあ…」と少し気持ちも落ちるかもしれません。そんな時，雲が風に飛ばされて山頂が見えてきたら，「お！　山頂が見えてきた！　よし，頑張ろう！」という気持ちになりますよね。

　人は，「自分にはできそうにないな」と思うと，やる気が低下します。逆に，「これならばできそう」という状況だと，やる気が上がるのです。

Point▶「これならばできそう！」と思える状況は，やる気が上がる。

「目標・めあて」から引きつける

　目標・めあては，授業のゴールです。そのゴールが越えられそうなら，やる気が上がるし，越えられそうにないと，やる気は低下します。

　例えば，算数や数学の授業で，「今日は文章題をやりますが，まずは図を書けるようにしよう」というゴールであれば，文章題が苦手な子でも，「できそう」と思うきっかけになります。もちろん，常にハードルを下げることがよいわけではないですが，授業の進行や子どもたちの理解度を考慮して，一旦越えられる壁を提示することも効果があります。

Point ▶ 越えられる壁を提示して引きつける。

実践しよう！

NG

> 今日の文章題は難しいけど，解けるようにしましょう。

▶ 越えることが難しい壁だと，苦手な子はやる気が低下してしまいます。

OK

> 今日は文章題をやりますが，まずは図を書くところまでできるようにしましょう。

▶ 「これならできそうだ」と思ってもらえれば，やる気も上がっていきます。

20 テスト返却時に承認する

 テスト返却時に注意することはありますか。

 テストを返却する時には，一声かけて返却していくことを習慣化することがおすすめです。

テスト返却時の声かけ

テストを返却する時，特に何も声をかけないでそのまま返却してしまう先生がいます。時間は短縮されますが，非常にもったいないなと思います。

テスト返却時は，先生が子どもたちとコミュニケーションをとるよい機会になります。せっかく1対1で向き合う機会なわけですから，この場をぜひ活用してみてください。

「お，さすがだね。今回も100点！」「今回はすごく頑張ったね！」このようなプラスな言葉をかけていくことができれば，子どもたちは「よし，頑張ろう！」と前向きな気持ちになっていきます。前向きな気持ちは，前向きな授業を受ける姿勢にもつながっていくのです。

Point テスト返却時に前向きな言葉をかけると気持ちも前向きになる。

変化を伝え承認する

テストでは，やはり結果に目がいくものです。何点だったかということを子どもたちは気にします。

もちろん良い結果であれば，その結果を承認してあげることにより，前向きな気持ちにしてあげることができますが，良い結果が出せない時も当然あ

りますよね。

　たとえ点数がいまいちだったとしても，その子の頑張りという点に注目していくと，承認できることが見えてきます。

　一般的に30点といったら，良くない点数と判断されますが，もしその子が前のテストで20点だったらどうでしょう。今回30点でも前回より10点上がっていますよね。その子にとっては，前回よりも点数アップできているわけです。

　このような，一般論ではなく，その子の変化を認めていくことも，先生への信頼感をつくり，授業への前向きな気持ちへとつないでいく鍵となります。

Point 　一般論ではなく，その子のプラスの変化を承認する。

実践しよう！

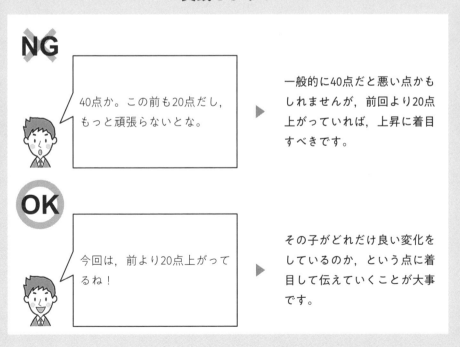

NG

40点か。この前も20点だし，もっと頑張らないとな。

▶　一般的に40点だと悪い点かもしれませんが，前回より20点上がっていれば，上昇に着目すべきです。

OK

今回は，前より20点上がってるね！

▶　その子がどれだけ良い変化をしているのか，という点に着目して伝えていくことが大事です。

4章

「所作・動き」で引きつける技術

1 手を使って注目させる

教壇の前にいる時，特に子どもたちの視線を集めるにはどうしたらよいですか。

手を使ってジェスチャーをすることが効果的です。

ジェスチャーの効果

　教師の体の動きは，子どもたちの視線を集める上でとても大切です。先生が話をしている時に，子どもたちが集中して話を聞くような状況にするには，適度な体の動きがあるとよいです。具体的には，適度に手を使いながら話をしていくのが効果的です。

　教壇の前でずっと直立不動になっているような，体の動きの全くない状況ですと，子どもたちも集中力が低下しやすいです。なぜなら，人は動きのあるものに意識をもって見ようとする習慣があるからです。

　逆に，体の動きがあまりにも大きいのもマイナスです。極端に動きがあると，その動きにばかり目がいってしまい，教師が伝えようとしている内容よりも動きばかりが頭に残ってしまいます。

Point▶ 適度に手を使いながら話をすると，視線を集めやすい。

ジェスチャーの具体的な使い方

　では，どのようにジェスチャーを使っていけばよいのか，ということについて見ていきます。

　日常的にジェスチャーを自然に使えているのであれば，それで問題はない

のですが，普段ジェスチャーを使い慣れていない場合，どこでジェスチャーを使うのか，という点を押さえておくと効果的です。

p.63でも述べましたが，「数字」「接続詞」「状態を表す言葉」を伝える時に，適度に手を使って表現するのがおすすめです。「特に，大事なポイントは2点あります。 a の絶対値が大きくなればなるほど，グラフが急になり， a の絶対値が小さくなればなるほど，グラフは緩やかになります。」この下線を引いたところは，手を使って表現すると伝わりやすいです。「大きく」や「小さく」は手で大きさを表現し，「急に」「緩やかに」は手で角度をつけてみてください。

Point 手を使って「数字」「接続詞」「状態を表す言葉」を強調する。

実践しよう！

適度な動きがないと集中力も低下しやすく，逆に動きがありすぎると，話の内容が残りづらいです。

特に大事なポイントは2点あります。…

「数字」「接続詞」「状態を表す言葉」の3つのポイントで手を使った動きを入れると，引きつけやすくなります。

2 立ち位置で視線を集める

 授業に不安があり，もっと自信をもって授業に臨みたいです。

 立ち位置を意識することからも，良い影響を与えることができます。

立ち位置と姿勢

　教室の中での，立ち位置を意識しているでしょうか。教室の端に立って話をする場合と，教室の真ん中に立って話をする場合，両者を比べてみると，どのような違いがあるでしょうか。

　真ん中に立って胸を張り，堂々と話をすると，子どもたちからは自信をもっているように見えます。逆に端に立ってぼそぼそと話をしていれば，自信がなさそうに見えるのです。

　背筋を伸ばして，胸を張り，立ち位置を真ん中で意識する。自信をもつためには，このような形から入っていくことも大事です。堂々とした印象を与えるために，子どもたちに先生自身がどのように映っているのかということを意識してみてください。

Point 真ん中で胸を張り，堂々と話をする。

重要なテーマは真ん中に立つ

　教師が真ん中に立ち堂々と伝えることで，自信をもった印象を与えることができますが，授業中常に教壇の前にいるわけではありません。

　板書をする際には左右に動きますし，机間巡視をしている場面もあります。

ポイントは，「重要なテーマは真ん中に立つ」ということです。授業の中で，特に大事なことを伝える場面があります。その際には，立ち位置を真ん中にして改めて話しはじめると，「ここから大事なポイントになります」というサインにもなります。

　人は，伝える内容そのものよりも，「どのように見えるのか」という視覚情報に印象を左右される傾向があります。

　立ち位置を工夫することによって，視覚情報への印象効果もあり，授業にメリハリをつけることもできるのです。

Point 重要なテーマを伝える時には，真ん中に立つ。

〈参考文献〉中土井鉄信『図解＆場面でわかるプロ教師の「超絶」授業テクニック』明治図書，2010年

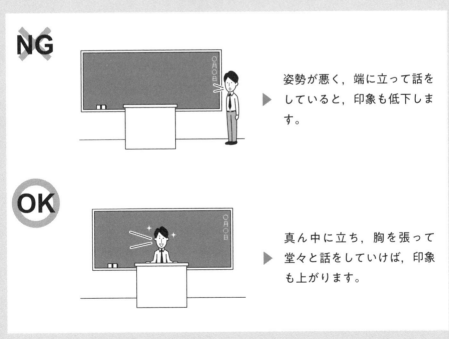

実践しよう！

NG 姿勢が悪く，端に立って話をしていると，印象も低下します。

OK 真ん中に立ち，胸を張って堂々と話をしていけば，印象も上がります。

3　視線を全員に配る

 授業中に子どもと目を合わせるのが苦手で，視線が浮いてしまいます。

 視線の配り方について学び，実践することが大切です。

視線の配り方

　授業中，子どもたちと視線を合わせることは大切です。先生から見られていると感じると，子どもたちの集中力も上がります。逆に，先生と視線がいつも合わなければ，緊張感をもたらすこともできずに授業以外のことに関心がいってしまうきっかけにもなります。

　人数が少なければ，一人ひとりの顔を見て，視線を合わせながら話をしていけばよいです。しかし，人数が多くなれば，毎回の授業で一人ひとりと視線を合わせていくのは難しくなります。

　そこで，効果的な視線の配り方があります。「Ｚ型」という手法です。教室を４人１グループの固まりで分けていきます。そのグループごとに，左端から右端にかけて視線を合わせていきます。一人ひとりとは視線を合わさなくても，グループ一固まりと視線を合わせることで，それぞれが「見られている」と感じるわけです。

Point 視線の配り方「Ｚ型」を意識して，視線を合わせる。

視線を配る上での注意点

「Ｚ型」の視線を配る上で，グループの固まりから次の固まりへ移る時，

すらすらと流していくのではなく，一旦止めて次，というように止める動きを入れることがポイントです。流してしまうと，ふわふわした印象を与えてしまいます。逆に止めながらスライドしていくと，ふわっとした印象ではなく，しっかりと見られているという感覚になります。

　初心者の場合，なかなか上手くいかないこともよくあります。授業に不安を抱えていると，次やるべきこと等で頭が一杯になり余裕がなくなってしまい，視線を配ることへの意識が向かなくなることも多いです。

　継続して実践し，慣れていくことが大切です。

Point ▶ 視線を配る時には，さらさら流さずに一旦止めることも大事。

実践しよう！

視線を配らないと，子どもの
▶ 集中力が低下する理由にもな
ります。

視線を配る際には，「Z型」
▶ を意識していくと，効果的に
多くの子どもと視線を合わせ
ることができます。

4 笑顔で子どもを引きつける

怖い先生と思われてしまっています。子どもに親しまれるにはど
うすればいいでしょうか。

笑顔で子どもに接していきましょう。

表情のコントロールが大事

　授業中，先生自身の表情を意識しているでしょうか？　子どもたちを引き
つける上で，先生の表情は大切なポイントになってきます。

　引きつける授業を展開していく上では，笑顔で授業を行うことが大切です。
表情に乏しかったり，不機嫌そうな顔をしたりしていれば，当然子どもたち
は好んで先生のことを見たいとは思いません。笑顔には人を引きつける力が
あります。先生が笑顔でいれば，子どもたちも笑顔になっていきます。

　ただ，授業中ずっと笑顔でいるのはなかなか大変です。まずは，ピンポイ
ントで笑顔をつくっていくということから進めてみることを，おすすめしま
す。「号令をした後に笑顔にする」「指名して子どもが発言した時に笑顔にす
る」というようなタイミングで意識してみることです。

　このような特に視線が集まるタイミングで笑顔をつくることは，先生の求
心力を高める上でも役立ちます。

Point 笑顔を意識することで，引きつけることができる。

笑顔のつくり方と習慣化のコツ

笑顔は，苦手な場合でも努力すればつくることができます。ポイントは

「口角」です。口角を上げることが笑顔をつくる上では必要です。この習慣を継続していくとだんだんと笑顔になっていきます。口角を上げる時は，歯を出した方が自然な笑顔になります。

　忙しいと，どうしても笑顔を忘れてしまいがちです。笑顔を忘れないようにするには，笑顔が習慣化するように仕組み化しておくことがおすすめです。「職員室を出たら笑顔にする」「教室に入る時に笑顔にする」このように笑顔にするタイミングを意識的に設けておくと，忘れづらくなります。

　教室の明るい雰囲気は，先生の笑顔から始まります。ぜひ継続していきましょう。

Point 口角を上げる習慣が大事。笑顔にするタイミングを決める。

実践しよう！

表情が暗かったり，不機嫌そうだったりすると，子どもたちを引きつけるのは難しいです。

笑顔は子どもを引きつけます。口角を上げる習慣をつけていきましょう。

5　歩き方で印象を変える

机間巡視で気をつけることはありますか。

歩き方に工夫を凝らすと，緊張感を演出できます。

机間巡視での歩き方

　引きつける授業を考える上では，授業中に適度な緊張感を出していくことが必要です。

　机間巡視は，この緊張感を出す上でも効果があります。まずは，机間巡視の時にはどのように教室の中を歩いているでしょうか。机間巡視を行う経路は，パターン化されている場合がよくあります。常に右周りであったり，左周りであったり，真ん中から入って右に曲がったり等，自分の癖はないか思い浮かべてみてください。

　もし，パターン化されているとしたら，そのパターンを変えてみてください。いつも同じ経路で回っていると，だんだんと慣れてしまい，緊張感が緩んでしまう子も出てくるでしょう。周り方に変化をつければ，いつ先生が来るかわからない，という適度な緊張感を与えます。

　適度な緊張感は，集中力を向上させます。ぜひ意識的につくり出していきましょう。

Point　机間巡視での経路は，パターン化しない。

机間巡視での接近の仕方

　机間巡視の際に，どのように子どもたちに近づいていくかについても，工夫すべきところです。

　勉強が苦手な子や，素行に問題のある子は，前から先生が迫ってくると構えてしまうことがあります。そんな時は，後ろから包み込むように接近していき，話しかけてみることで，少し気を許して信頼の気持ちを抱いてくれることもあります。もちろん相手によるところもあり，逆に緊張してしまうケースもありますので，様子を見ながら活用してみてください。

Point 接近の仕方によって，プラスの影響を与えることもできる。

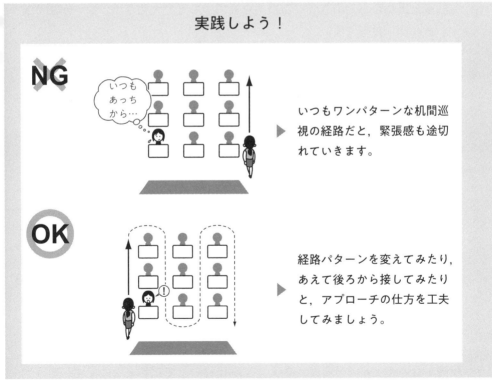

実践しよう！

いつもワンパターンな机間巡視の経路だと，緊張感も途切れていきます。

経路パターンを変えてみたり，あえて後ろから接してみたりと，アプローチの仕方を工夫してみましょう。

6　視線を配るタイミングを工夫する

 教室全体を巻き込んでいく上で，意識した方がいいことはありますか。

 視線を配るタイミングを意識し，実践するとよいです。

教室入室時の視線

　教室入出時から，引きつける授業を展開する上で大切なポイントがあります。それは，視線です。

　教室入室直後，先生の視線はどこに向いていますか？　授業が上手な先生は，まず子どもたちの顔を見ます。子どもたちの状況を確認するのです。クラスの雰囲気に合わせて話すトーン等も工夫していきます。逆に授業に不安がある先生は，教壇や奥の机，教科書等を見ていることが多いです。

　子どもたちを巻き込んで授業をしていくという観点で考えても，開始直後から視線が合っている方が，子どもたちも気持ちが入ります。

Point 教室入室直後は，子どもたちの顔を見る。

教室全体を巻き込む立ち位置

　自信をもって伝えていくという観点では，真ん中に立つことがよいということをお伝えしましたが，教室全体を巻き込むという観点では，立ち位置をあえて左右両極にするという技術もあります。

　先生から見て右端の子を指名する時，教壇から左半分の子たちは，先生と視線が合いません。そこで，あえて左端に移動して指名するのです。そうす

ると，真ん中に立って指名する時よりも，より多くの子と視線を合わせることができます。同じように，先生から見て左端の子を指名する時，先生は右端に移動して指名すれば，より多くの子どもたちと視線を合わせることができます。

　教室全体を巻き込んで授業を行っていくためには，視線を配るタイミングを工夫することも効果があります。Z型を活用した視線の配り方と合わせて，日々の授業で実践していきたいポイントです。

Point ▶ 右端や左端の子を指名する時は，対角線上で指名する。

〈参考文献〉大矢純『生徒のやる気を100％引き出す授業』幻冬舎，2013年

実践しよう！

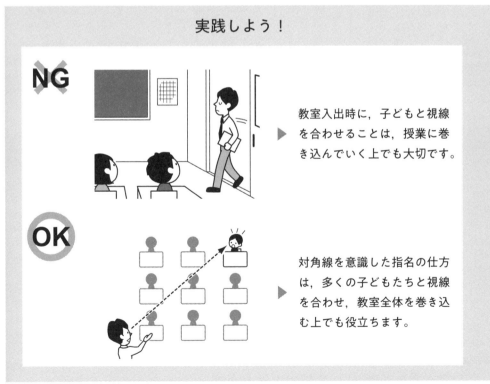

NG　教室入出時に，子どもと視線を合わせることは，授業に巻き込んでいく上でも大切です。

OK　対角線を意識した指名の仕方は，多くの子どもたちと視線を合わせ，教室全体を巻き込む上でも役立ちます。

5章

「板書」で引きつける技術

1 「捨て板書」を活用する

板書を使って補足事項を説明したいのですが，重要事項との区別がつきづらくなってしまいます。

「捨て板書」を活用するのがおすすめです。

捨て板書とは

　授業では，ノートに写すほどではないけれども，補足として説明したいことが出てくる場面があります。

　ちょっとした図や，計算の途中過程等，まとめの部分と一緒に書いてしまうと，ノートに書いた重要なことが薄れてしまいます。しゃべるだけだと伝わりにくいという場合，隅の方に書いてすぐに消すということを行っている先生も多くいらっしゃいます。

　補足説明を行うことに備えて，捨て板書を準備しておくという方法もあります。板書の端３分の１から４分の１くらいに線を引いておき，補足説明はその狭い範囲で行うのです。ノートには，補足説明は書かないで，主要な説明だけ書くように指示をします。

　この捨て板書を用意しておけば，子どもたちも何をノートに書いて何を書かないのかがすぐにわかりますし，大事な部分に集中することができます。

Point 捨て板書を準備して，大切な部分と補足を区別する。

捨て板書の活用

捨て板書を活用することで，何が重要で何が補足なのかがわかりやすくな

りますし，子どもたちもちゃんと聞かなければいけないタイミングがわかるようになります。授業の途中に雑談を入れて，軽く板書をした時なども，捨て板書を使えばオンとオフを切り替えやすくなります。いちいち補足事項を消す必要もなくなりますね。

　引きつける授業を行う上では，強弱をつけるということがポイントになりますが，捨て板書は大事なところと補足説明を視覚情報でも分けるという点で，強弱をもたらします。

Point 捨て板書は，視覚情報からも授業に強弱をもたらす。

実践しよう！

主要な部分と補足説明を，板書で混ぜて書いてしまうと，何が重要なのか見づらくなります。

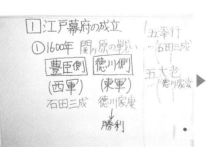

捨て板書を活用すると，大事な部分と補足部分がわかりやすくなります。

2 半身の姿勢で引きつける

 板書をしている時，書くことばかりに気が向いてしまいます。

 「半身の姿勢」で板書をすることがおすすめです。

半身の姿勢とは

　板書をしている時，書くことばかりに集中をしてしまうと，子どもたちの状況を見逃してしまいます。子どもに背中を向けているタイミングをねらって，授業とは別のことをやりだす子どももいるかもしれません。

　経験が浅いと，どうしても授業の内容にばかり意識がいってしまい，それを子どもたちがどう受け取っているのかということに関心が薄くなります。いくら熱心に授業をやっていても，子どもたちがちゃんと内容を吸収できなければ，学力も上がっていきません。

　黒板に向かう時は，完全に黒板に体を向けてしまうのではなく，半分は黒板，半分は子どもたちに向けるようにします。この姿勢をとることによって板書をしながら子どもたちの様子もつかむことができるので，子どもたちも，先生が板書中でも集中して授業を受けるようになります。

Point 体の半分を黒板，半分を子どもたちに向けることで，子どもたちも集中して授業を受けることができる。

半身の姿勢の実践

半身の姿勢で板書を行うことは，はじめはなかなか慣れず難しいものです。

徐々に慣れていけるように日々取り組んでいけば，できるようになります。授業以外でも，可能であれば練習をしてみてください。

　半身の姿勢がとれるようになり，話をしながら板書することができると，さらに引きつけられるようになります。書くことだけに集中することは，字を丁寧に書く上では効果的ですが，書いている間に間ができてしまいます。授業はリズムが大切ですから，この書いている間にリズムを崩してしまうことも問題です。半身の体勢に慣れてきたら，書きながら話すことにも意識して取り組むと，さらに子どもを引きつけることができるようになります。

Point 書きながら話すと，無駄な間がなくなる。

実践しよう！

NG

完全に黒板に体が正対してしまうと，子どもたちの様子を見ることができません。

OK

半身の姿勢をとれると，子どもたちの様子も確認することができます。

3　空間を整えて字を綺麗に見せる

字が上手くなく，板書の字も汚いです。上手くなる方法はありますか。

文字の空間を整えると，綺麗に見えます。

板書を綺麗に見せるコツ

　もともと字を書くのがあまり上手くなく，板書の文字が汚くなってしまう。綺麗に書けるようになりたい。そんな悩みを抱えている場合，どうすればよいでしょうか。

　ペン字や書道等を通して，字を上手く書く練習ができればよいですが，なかなか時間的な問題等もあり，難しい場合も多いでしょう。

　板書の字を綺麗にするには，コツがあります。字が上手くない場合は，まずそのコツを押さえていくことからはじめることが大切です。もちろんもともと字が上手に越したことはないのですが，苦手でも比較的短期間でよく見せることはできます。

Point　字を綺麗に見せるにはコツがある。

空間を整える

　板書を綺麗に見せるコツは，「字の空間」にあります。文字の空間，行間が均等になると，美しく見えるのです。

　字が綺麗に見えるためには，まず文字の間の空間を等しくすることです。空白が均等になると，バランスがとれて綺麗に見えるのです。どうしても字

を綺麗に書こうとすると，字そのものの形に意識が行きがちですが，字そのものではなく，空白に着目する方が，早く綺麗に書けるようになります。

同じように，行間も空白を意識します。行間が均等になることによって，板書全体が整って見えます。逆にまとまりのない板書は，行間のバランスが悪いことが多いのです。

まずはこの２点を意識して板書してみてください。

Point 文字の空間，行間を等しくすると綺麗に見える。

実践しよう！

文字の空白のバランスが悪いと，汚く見えてしまいます。行間も空白が均等でないと見た目が悪いです。

文字の空白のバランスと，行間のバランスを整えることで，綺麗に見えるようになります。

4 右上がり・大きさ・角を意識して字を綺麗に見せる

板書の字をバランスよく書けません。上手くなる方法はあります
か。

空間を整えて，右上がりと平行・文字の大きさ・角のある字を意
識すると綺麗になります。

右上がりと平行を意識して綺麗にする

　板書を綺麗に見せるコツは，空間にあるということを伝えました。全体感
が整って見えると，綺麗に見えるのです。

　空間のバランスに加えて，右上がりと平行を意識して書くと，より綺麗に
見えます。文字には線がありますが，その線を平行にして角度を右上がり6
度にしておくことが美しく見えるコツです。

　文字の線が平行ではなく，バラバラになってしまうと文字は綺麗に見えま
せん。更に右上に上がっていないと，文字が下がって見えてしまうのです。
これは書道の基本と言われています。文字を真横にしてしまうのは，汚くは
見えないのですが，上手くは見えないです。

　平行かつ右上に字を書いていきましょう。

Point 平行かつ右上がりを意識して書く。

文字の大きさを意識する

　文字の大きさを意識することも大切です。漢字は大きく，ひらがなは小さ
く書くと，より綺麗に見えます。

　大小のバランスをとることで，文字が引き締まって見えます。練習は特に

しないで，意識ができていればできることですのですぐに導入できます。

漢字は大きく，ひらがなは小さくを意識する。

角のある字を書く

　文字に角があるほうが，字は上手に見えます。丸字だと，字は下手に見えてしまいます。丸字が既に習慣の場合，角のある字を書こうとすると，今までよりも少し時間がかかるかもしれません。角のある字を書けるように練習していくことも必要です。

角のある字は，綺麗に見える。

実践しよう！

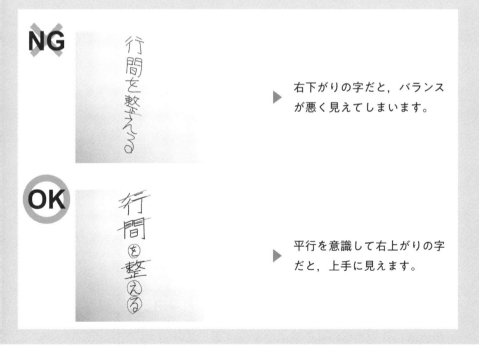

NG ▶ 右下がりの字だと，バランスが悪く見えてしまいます。

OK ▶ 平行を意識して右上がりの字だと，上手に見えます。

5 黒板を綺麗にする

黒板を綺麗に消す方法はありますか？

消し方のコツがあります。

黒板を綺麗に消すコツ

黒板が汚いと，板書しても字が読みづらくなります。黒板は綺麗に消して，板書をすることが大事です。

黒板の汚れは，教師の頭の中を表します。部屋が綺麗に掃除されていると，集中力も上がり活動のパフォーマンスが上がるのと同じように，黒板が綺麗になれば，授業のパフォーマンスも上がります。

黒板を綺麗に消すためには，上から下へ黒板消しを動かします。その時，黒板消しの上部を押し当てて，ゆっくりと上から下へ動かしていくことがポイントです。一列終わったら次は隣と，縦に消していくと綺麗になります。

黒板の消し方には人それぞれ個性が現れます。板書にこだわりのある先生は，やはり綺麗に黒板を使う方が多いので，縦に丁寧に消していく先生が多い印象です。

Point 黒板消しの上部を押し当てて，上から下へとゆっくりと動かしていくと綺麗になる。

楽にかつ綺麗に消すコツ

黒板消しは大きめのものを１つ準備するとよいです。教室にある一般的な

大きさのものに比べて数倍の大きさがあります。大きめのものが1つあると，一気にたくさん消すことができます。標準サイズの黒板消しで消した後，大きな黒板消しで再度消していくと，より綺麗になります。

　公開授業や授業参観の前等，節目のタイミングでは，水拭きで綺麗にするのもおすすめです。水拭きにすると，黒板にムラができるので，ムラにならないように，丁寧に縦ぶきをしてください。

Point ▶ 大きめの黒板消しは，一気に消すことができて役立つ。

実践しよう！

NG

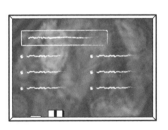

黒板の消し方が汚いと，字が
▶ 読みづらくなったり，授業の
パフォーマンスも下がります。

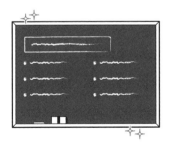

黒板消しの上部を押し当てて，
▶ 上から下へゆっくりと移動す
ると，綺麗に消すことができ
ます。

6 板書スピードを意識する

板書が速いと言われます。板書のスピードで意識することはありますか。

状況によってスピードに変化をつけるとよいです。

板書の速さ

　板書のスピードは，基本的には，先生が書くペースに合わせて子どもたちも一緒についていける速さで書きます。その中で，状況に合わせて強弱をつけていくことが効果的です。

　常にハイスピードで多くの量を板書する先生がいますが，このスタイルだと，書くことにばかり注意が向いてしまい，内容がなかなか頭に入っていきません。また，逆に常にゆっくり丁寧を意識して板書を進める先生もいますが，このスタイルだと授業にリズムが生まれづらく，マンネリ化してしまいます。

　板書の速さを工夫することは，子どもたちの授業へ臨むマインドにも影響を与えていくのです。

Point 板書スピードの工夫で，子どもたちの授業への姿勢も変わる。

板書スピードに強弱をつける場面

　授業開始時の板書は，少し頑張ればついていけるくらいのスピードが理想的です。導入時の板書スピードは，その授業のリズムを形成する一つの基準ともなります。速すぎると意欲が下がりますし，遅すぎると締まりのない授

業となってしまいます。

　補足情報を書き出したり，出てきた意見を１つずつ書き出す際には，スピーディーに書き出していくとよいです。また，捨て板書等の書き取りが必要でない場面では，書く必要がないことを伝えて話を聞くことに集中させます。

　授業でのまとめやポイント等，重要なところについては，あえてゆっくりと書き，変化をつけるという方法もあります。

　このように，板書スピードを場面によって切り替えることで，授業へのリズムも生まれていきます。

Point ▷ 板書スピードを切り替えることで，授業へのリズムが生まれる。

実践しよう！

たくさんの量を急いで板書しても，なかなか頭に入ってこなくて意欲が低下してしまいます。

授業開始時の板書は，少し頑張ればついていけるくらいの速さが理想です。

7 「足し算」ではなく「引き算」で板書する

 板書をすると，たくさん書いてしまい，子どもたちもノートをとるのに時間がかかります。

 「足し算」ではなく「引き算」で板書をしていくと，解決できます。

「足し算」の発想と「引き算」の発想

　物事を考える時，足し算で考える方法と引き算で考える方法があります。授業を行う時，あれも教えたいし，これも教えたい，ということはありませんか。熱心な先生ほど，「今日は○○について取り扱うけど，△△も補足として一緒に教えよう」というように多くのことを教えようとする傾向があります。もちろん，子どもたちにそれを受け止めるくらいのキャパの大きさがあればよいですが，多くの場合，多くを教えても記憶に残るものは少ないものです。

　あれこれと付け加えて教えていくと，特に集中力が低い子や勉強が苦手な子はますます勉強に身が入りにくくなりますし，実際多くを覚えていません。

　多くを一気に教えるよりも，内容を絞り込んで教えた方が，記憶にも定着しやすくなります。その日の授業の中で，特に大事なことを重点的に，かつ集中して扱うことは，学力を上げる上でも効果的なのです。

Point あれこれ教えるよりも，絞った方が定着しやすい。

板書量の調整

板書には，理解や定着を助けるという役割があります。板書が上手な先生

は，子どもたちの理解や定着を考えて，必要と思われる内容や記載方法をとりながら板書しています。逆に板書の上手くない先生は，やたら文字数が多かったり，シンプルにまとめないで長い文をだらだら書いていたりするのです。

　あれこれ書くのはなく，ここでも引き算の発想をもって，<mark>特に大事なところ，重要なところを中心に板書</mark>をすれば，子どもたちの記憶にも残りやすいし，ノートを振り返って見た時も，わかりやすくまとまっています。

Point ▶ 大事なところに絞って板書を行う。

実践しよう！

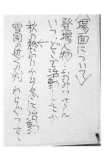

あれこれたくさん板書すると，子どもたちにとって何が大事なのかわかりづらいです。

OK

大事なところに絞って板書することが，理解を助ける上でもポイントです。

8 　使う色は原則３色までにする

板書の色分けのコツはありますか。

色は原則３色までとして，派手になりすぎないようにする。

色分けの考え方

　板書をする時，色分けをどうしようかと悩む時があります。板書の見た目にこだわっていくと，どうしても複数の色を使いたくなることがあります。

　しかし，色をたくさん使うと，見づらくなってしまいます。そもそも色分けをすることの目的は何でしょうか。黒板をカラフルにすることで，ぱっと見た目は引きつけられるかもしれません。しかし，色がたくさん使われていると，内容よりも色に目がいってしまいます。

　色分けをする目的は，重要ポイントを優先的に視覚情報でキャッチすることです。ノートを見返した時に，何が特に重要なのか，ということが浮かびあがって見えれば OK です。

　そのためには，原則３色（白・黄色・オレンジ）で進めるのがおすすめです。

Point ▶ チョークは原則３色（白・黄色・オレンジ）を使用するのがよい。

色覚異常の子への配慮を行う

　色覚異常の子は，黒板の字が見づらくなることがありますので，配慮が必

要です。先天赤緑色覚異常では，緑と赤が似て見えることがあります。赤チョークを使用すると，緑と赤の区別がつきづらいので，赤を積極的に使用することはおすすめできません。

　また，白と黄色以外を使用する時は，色名を伝えて，太めの文字や線で大きく太く書き，色分けをした区域には，白チョークでアンダーラインを引くなどして，目立つようにすることも必要です。

Point 特に赤チョークは，黒板の緑色との区別がつきづらい。

実践しよう！

赤色は，色覚異常の子には黒板の緑色と区別がつきづらい場合があるので，積極的には使用しません。

チョークは原則3色（白・黄色・オレンジ）にするのがよいです。

9 線や枠で強調する

見やすい板書にするための基本的なことは何ですか。

線や枠を上手く活用することです。

見やすい板書のポイント

　板書を見やすくするためには，原則３色でまとめるのと合わせて，線や枠，矢印など文字以外の情報を効果的に使うことも大切になってきます。

　ノートを見返した時に，何を基準にして「わかりやすい」と感じるでしょうか。まとめる時の全体感の印象が良いと「わかりやすい」と感じます。全体感というのは，個々の文字の塊ではなく，全体のバランス感覚です。

　文字ばかりが詰まっていたり，一部に密集して書いてあって余白がやたら目立ったりというノートだと，全体のバランスが良くありません。

　内容のかたまりごとに，□で囲ったり，重要なところには線を引いたりといった，文字情報以外を上手く取り入れると，全体のバランスがとれて見やすくなります。

Point 線，枠，矢印などの文字情報以外を上手く取り入れる。

統一したルールで使用する

　線や枠，矢印を使う時に気をつけることとして，「統一したルール」にするということです。例えば，文字に線を引く時ですが，ある時は波線を引き，ある時は二重線を引く，というように線の種類に統一性がないと，わかりや

すい授業からは遠ざかります。

　また，矢印にしても，「→」と「⇒」を混合せず，どちらかに統一するか，場面によって使い分けることができていると，ノートを見た時にわかりやすいです。

　授業開きの際に，線や矢印については，統一のルールを子どもたちとの間で共有しておくと，授業もスムーズに進みます。

Point 線や矢印は，統一のルールを設ける。

実践しよう！

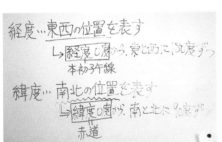

線や矢印に統一感がないと，見づらいノートになってしまいます。

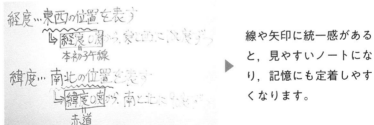

線や矢印に統一感があると，見やすいノートになり，記憶にも定着しやすくなります。

10 話をしながら板書していく

板書をする時に，子どもたちを引きつけるコツはありますか。

話をしながら板書できるようになると，引きつけることができます。

板書と教師の話の関係性

　板書している時，書くことのみに集中していると，教師の言葉がなくなり無言になります。「引きつける授業」という観点で考えると，この無言の時間がない方がよいです。

　板書の時間が無言になると，そこで授業の流れが一旦切れます。すると，ここで子どもたちも集中力が切れたり，眠くなったりするのです。板書と合わせて先生の言葉が一緒に聞こえると，授業のリズムも上がっていきます。

　まずは，書きながら板書を読み上げるというところからスタートしてみてください。慣れていくと，スムーズにできるようになっていきます。

Point 話をしながら板書をするということを実践すると，引きつけることができる。

場面に応じた考え方

　引きつける授業という観点では効果的であるものの，やはり話しながら板書をすると字が崩れてしまうので嫌だという先生もいらっしゃいます。もちろん丁寧な字で板書をすることも大切ですので，そのバランスも考えていくことが必要です。

丁寧にノートにまとめるところは，書くことに集中する。一気に視線を集めたい場面のみ，書きながら話すという方法もあります。

　例えば，授業の冒頭で，「今日は，『命』ということについて話します」という話をする時，「命」という文字を黒板に大きく書きながら，読み上げてみます。「命」と書いてから読み上げるよりも，間がない分，授業のリズムが形成されます。

 Point 　書くことに集中する時と，書きながら話す時とで，切り分ける方法もある。

実践しよう！

NG

黒板に書くことに集中してしまうと，授業の流れが一旦切れて，集中力も途切れます。

OK

今日は，「命」ということについて話します。

書きながら話をすることで，無駄な間がなくなり，更に引きつけることができる。

あとがき

　「めぐりあった出会いを大事にできるか」その人の人生をより良い方向に変えていけるかは，その瞬間瞬間での出会いに価値を見出して，活かしているかが大切なことだと考えています。

　私は，前職では学習塾で働いていました。たくさんの子どもたちに出会ってきましたが，その中でも，その後の人生を大きく変えるくらい劇的に学力を上げた子を何人か見てきました。

　小3から全く漢字の練習をしてこなかった中1生が，2か月で国語の定期テストの点数を50点アップしたこともありました。なぜこのような，通常では起こりえないようなことが起きたのか，色々と後になって考えてみたことがあります。気づいたことが，「一つひとつの出会いを大事にする」ということでした。

　その子の学力を上げていくことを「これは難しいだろうな」ととらえていくのか，「これから伸びていく」ととらえていくのか。数多くいる子の中の一人と見て，他の子と比較しても厳しい状況だからと判断してしまうのか，その子の可能性を信じて，関わっていくのか。

　この，出会った時に抱く感覚をどうもつのか，ということなのです。前向きに可能性を信じていくことができれば，変わる可能性も上がるし，後ろ向きな気持ちで接していけば，変わる可能性も低下します。

　「子どもたちに，良い教育活動を行っていきたい」このように思っている先生方はたくさんいらっしゃいます。その先生方にとって，良い出会いとなればいいなと思い本書を書き上げました。本との出会いも，その後の人生を大きく変えるきっかけになることがあるのです。

　本書を読み終えた後，「自分ならここをこのように活かしていきたい」と感じ取り，行動に移していただけたら，大変嬉しく思います。今後，子どもたちの成長の可能性を更に飛躍させるには，とにかく実践をして，その結果

を振り返り，改善しながら行動を継続していくことです。授業の技術は，この繰り返しにより向上していきます。

　また，今後授業を行っていく中で，「なかなか上手くいかない」「何か最近子どもたちの反応が悪い」と感じることがあるかもしれません。そんな時こそ，この本を手に取って読み返してみてください。

　行き詰まった時ほど，基本に立ち返ることも大切です。何かが欠けているから上手くいかないのですが，きっかけがないとその欠けているものが何なのか，ということに気がつかないものです。

　この本を手に取っていただいている先生方全てが，授業力を上げることができますし，子どもたちを引きつけることができるようになります。ただし，読み終わった後，学んだことを実行しなければ変化を起こすことはできません。知識を取り入れた後に，その知識を行動に移すことで，初めて成果を出すことができます。まずは，どれか一つ，実際に授業で実践してみてください。もし実践しても，初めは上手くいかないかもしれません。しかし，そこであきらめずに繰り返し行ってみてください。徐々にできるようになっていきます。

　子どもの学習と同じで「できた」という感覚は，成長していく上でとても大切なものです。この「できた」を感じたら，ぜひ自己承認をしてください。たとえ小さな一歩であっても，前に進むことができたのであれば，それは成長です。この成長を積み重ねることで，確実に授業は成熟していきます。

　教師という仕事は，人の成長に大きく関わることができる仕事です。子どもたちは，教師の授業や，教師の発する言葉を受け止めながら日々成長していきます。一人でも多くの先生が，より引きつける授業を展開できるようになることが，子どもたちの明るい未来を切り開いていくと確信しています。

2021年10月

飯村　大輔

【著者紹介】
飯村　大輔（いいむら　だいすけ）
教員・塾講師のコンサルタント。元学習塾勤務。授業や生徒指導，保護者対応等で悩んでいる先生向けのセミナーを定期的に開催。全国の教員・塾講師の方向けに，「３つのポイント」から改善をはかる授業，生徒指導，保護者対応の技術を伝達し，授業崩壊の改善，生徒や保護者との対応に自信が持てる先生を数多く輩出。YouTube チャンネル「授業革命」，Twitter でも情報発信。

〔本文イラスト〕木村美穂

授業で子どもを「引きつける」全技術
話し方・発問・所作・板書

2021年11月初版第1刷刊 ©著　者	飯	村	大　輔
発行者	藤	原	光　政

発行所 明治図書出版株式会社
http://www.meijitosho.co.jp
（企画）大江文武（校正）奥野仁美
〒114-0023　東京都北区滝野川7-46-1
振替00160-5-151318　電話03(5907)6702
ご注文窓口　電話03(5907)6668

＊検印省略　　　　　組版所 株 式 会 社 カ シ ヨ

Printed in Japan　　　　ISBN978-4-18-318836-6
もれなくクーポンがもらえる！読者アンケートはこちらから